LES

Idées Économiques de Condorcet

LES

Idées Économiques

DE

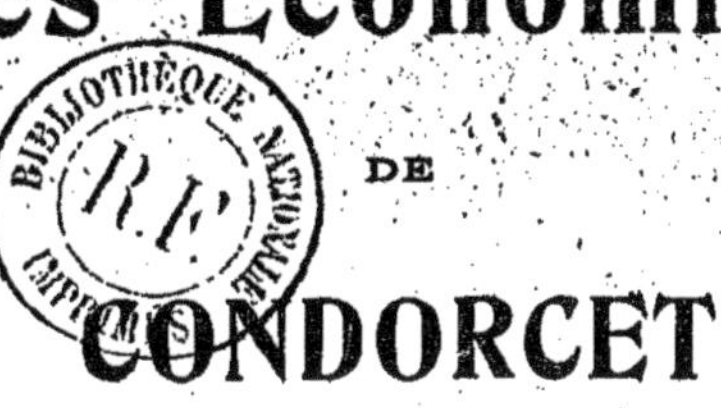

CONDORCET

PAR

Eugène CAILLAUD

DOCTEUR EN DROIT

POITIERS
IMPRIMERIE MAURICE BOUSREZ
4, Rue Saint-Porchaire, 4

1908

BIBLIOGRAPHIE

Œuvres de Condorcet, publiées par A. CONDORCET-O'CONNOR, lieutenant-général, et M. F. ARAGO, secrétaire perpétuel de l'Académie des sciences, 12 vol. grand in-8°, Paris, DIDOT, 1847-1849.

Franck Alengry. — *Condorcet guide de la Révolution française, théoricien du droit constitutionnel et précurseur de la science sociale*, Paris, 1904.

Charles Henry. — *Correspondance inédite de Condorcet et de Turgot, 1770-1779*, Paris, 1882.

A. Dubois. — *Précis de l'histoire des doctrines économiques*, t. Ier. (*L'époque antérieure aux physiocrates*), Paris, 1903.

Joseph Rambaud. — *Histoire des doctrines économiques*, deuxième édition, Paris-Lyon, 1902.

Guillaumin. — *Collection des principaux économistes*, 16 vol., Paris, 1843-1848.

J. Brissaud. — *Cours d'histoire générale du droit français public et privé*, t. Ier. (*Sources-Droit public*), Paris, 1904.

G. Weill. — *Saint-Simon et son œuvre*, Paris, 1894.

A. Lebeau. — *Condillac économiste*, thèse pour le doctorat, Paris, 1903.

Léon Say. — *Les grands écrivains français, Turgot*, troisième édition, Paris, 1904.

Revue d'économie politique, passim.

INTRODUCTION

Vie de Condorcet. — Son caractère. — Ses relations. — Intérêt d'une étude économique sur Condorcet. — Ouvrages de Condorcet où les questions économiques sont principalement étudiées. — Plan de notre thèse.

Né à Ribemont (Seine), le 17 septembre 1743, mort le 27 mars 1794, Jean-Antoine-Nicolas Caritat, marquis de Condorcet, a vécu une des périodes les plus agitées de l'histoire de France; en dehors des études mathématiques vers lesquelles le portaient ses aptitudes et ses goûts, en outre de la publication de nombreux opuscules ou traités purement philosophiques ou théoriques, et malgré les obligations diverses auxquelles l'astreignaient ses fonctions de secrétaire de l'Académie des Sciences, Condorcet a été entraîné par son tempérament à se jeter dans la politique active, soit d'abord comme membre de clubs ou comme journaliste, soit plus tard comme membre de la Commune ou comme député; nous n'entendons pas, ayant à traiter un sujet économique, suivre pas à pas le mathématicien, le philosophe, le journaliste et l'homme politique. Limité par notre sujet, nous parcourrons rapidement les différentes étapes de la carrière de Condorcet, ne notant que les détails indispensables pour donner une idée de son labeur et de son activité ou susceptibles de faire comprendre quelle influence ont pu avoir ses œuvres et ses actes.

De son enfance, les biographes de Condorcet n'ont retenu qu'une circonstance : voué au blanc par sa mère (il avait perdu son père de très bonne heure), et ne portant que des costumes de petite fille, l'enfant ne s'adonna à aucun exercice physique ; il semble d'ailleurs que sa nature ne l'y portait guère, et que son esprit curieux d'une part, sa timidité d'autre part, s'accommodaient beaucoup mieux d'une vie tranquille et déjà studieuse que des distractions un peu vives que la plupart des enfants demandent aux jeux ou, comme on dirait aujourd'hui, « aux sports ». Toujours est-il que Condorcet devait rester toute sa vie d'une grande paresse et à la fois d'une grande faiblesse physiques.

Ses distractions d'enfant, nous ignorons quelles elles furent ; mais nous savons que plus tard, et dans différentes circonstances, il les chercha et les trouva dans l'étude des mathématiques, particulièrement de l'algèbre. Ce détail peut nous donner une idée de la tournure de son esprit.

Son goût pour les mathématiques, Condorcet le manifesta dès l'âge de onze ans au collège des Jésuites de Reims, où il avait été placé par les soins de son oncle, évêque de Lisieux ; il l'affirma de nouveau au collège de Navarre, à Paris, où ses progrès furent si rapides qu'il était capable de soutenir brillamment, à peine âgé de seize ans, une thèse d'analyse particulièrement délicate qui lui valut d'être remarqué et félicité par ses examinateurs, dont d'Alembert et Lagrange. A dater de cette époque, ses travaux mathématiques se multiplièrent et lui valurent d'éclatants succès.

Sa paresse physique et ses aptitudes pour les travaux intellectuels devaient naturellement détourner Condorcet de la carrière des armes, à laquelle semblaient le destiner les origines de sa famille ; ses idées l'obligeaient à y renoncer ; voici, en effet, ce qu'il écrivait à Turgot, dans une lettre datée du 13 décembre 1773 : « Je viens de recevoir, Monsieur, votre profession de foi, et voici la mienne. Lorsque que je suis sorti du collège, je me suis mis à réfléchir sur les idées morales de la justice et de la vertu. J'ai cru observer que l'intérêt que nous avions à être justes et vertueux était fondé sur la peine que fait nécessairement éprouver à un être sensible l'idée du mal que souffre un autre être sensible. Depuis ce temps, de peur que d'autres intérêts me rendissent méchant, j'ai cherché à conserver ce sentiment dans toute son énergie naturelle. J'ai renoncé à la chasse... et je ne me suis pas même permis de tuer les insectes... (1) » S'il renonçait à la chasse, le seul exercice physique qui pût le reposer de ses études, et cela par suite du sentiment qu'il avait de la justice, de l'idée qu'il s'en faisait ; combien plus le même sentiment, la même idée devaient-ils lui faire comme un devoir de renoncer aux traditions de sa famille ! Ce n'est pas que Condorcet fît un crime de leur profession à ceux qui embrassaient la carrière des armes ; mais il avait la guerre en horreur, et il considérait que son devoir le plus impérieux était de contribuer pour sa part à éclairer les peuples et les souverains sur le danger et sur l'inutilité des guerres, qui ne sont d'aucun service, même pour le peuple qui en sort victorieux. Ces idées et ces sen-

(1) Ch. Henry, *Correspondance inédite de Condorcet et de Turgot*, p. 148.

timents qu'il avait dès sa sortie du collège, il ne les exprima cependant pas aussitôt, peut-être par timidité, peut-être parce qu'il préférait attendre d'être davantage éclairé par l'expérience.

Les mathématiques continuèrent d'occuper les premières années de sa vie de jeune homme, jusqu'à son admission à l'Académie des Sciences en 1769 : il avait alors 26 ans.

Sa naissance et sa réputation lui ouvrirent les salons de la capitale : la duchesse d'Enville et Mlle de Lespinasse le recevaient avec une affectueuse bienveillance ; ce n'est pas que Condorcet aimât le monde, il s'en fallait, et Mlle de Lespinasse, dans le portrait qu'elle a laissé de lui, n'a pas manqué de noter sa gêne et sa gaucherie dans les salons ; mais à cette époque où les salons étaient le rendez-vous des hommes les plus illustres dans les sciences et dans la littérature, Condorcet, que ses travaux avaient déjà rendu célèbre, se devait à lui-même de surmonter sa timidité, pour assister, ou même pour prendre part aux discussions scientifiques ou philosophiques qui faisaient l'objet des conversations de la plus haute société ; la faveur dont il était entouré lui rendait cette tâche facile ; la meilleure preuve de cette faveur nous est fournie par ce fait que le jeune Académicien, quatre ans à peine après son admission, fut choisi par ses collègues pour remplir les fonctions de secrétaire de l'Académie des Sciences.

Condorcet eut à prononcer, en cette qualité, les éloges des Académiciens morts de 1666 à 1699 ; l'esprit philosophique et les qualités littéraires, qu'il développa dans ces éloges, lui valurent les compliments des principaux philosophes et hommes de lettres de son temps ; Voltaire, entre autres, le félicita chaleureusement, le suppliant de se présenter à l'Académie Française où sa place était indiquée; les portes de l'illustre Compagnie lui furent ouvertes en 1782.

Célèbre en France, Condorcet, par des mémoires aux Académies de Berlin, Cologne, Turin et Saint-Pétersbourg, étendit sa réputation dans toute l'Europe.

Mais cette vie purement scientifique ou littéraire ne pouvait suffire au tempérament de Condorcet; sa sensibilité fortement secouée par les misères morales et physiques de son époque, misères qui, à son avis, étaient le fruit des préjugés, devait l'amener au désir de soulager, autant qu'il le pouvait, ces souffrances; répandre les « lumières » en combattant les « préjugés », tel était à ses yeux le vrai moyen d'obtenir ce résultat, car la corruption et le malheur accompagnent toujours l'ignorance, tandis que la connaissance de la vérité amène avec elle le bonheur et la vertu.

C'est en 1774 que Condorcet fit ses premières armes tant au point de vue purement philosophique qu'au point de vue économique: dans ses *Lettres d'un théologien à l'auteur du Dictionnaire des trois siècles*, il s'en prend « à la théologie et à l'intolérance du clergé »; dans sa *Lettre d'un Laboureur de Picardie à M. N., auteur prohibitif*, il s'attaque au système des règlements et des prohibitions dont le plus illustre défenseur à cette époque était Necker. Laissant de côté sa lutte pour la « tolérance », nous ne retiendrons de cette époque que les travaux économiques de Condorcet.

Sa *Lettre à M. Necker* date de 1774; c'est également la date de l'arrivée au ministère de Turgot, dont il était l'ami et le disciple; pendant les deux années que celui-ci resta au pouvoir, Condorcet fit paraître successivement: *Réflexions sur les corvées, Sur l'abolition des corvées, Monopole et monopoleur, Réflexions sur le commerce des blés,* ouvrages dans lesquels il expose avec autant de clarté que de fidélité les idées du ministre de Louis XVI, faisant valoir les avantages de la liberté et les graves inconvénients du système mercantiliste et prohibitionniste: « Il prépare l'opinion publique, remarque M. Frank Alengry, aux édits de Turgot et vante leurs avantages une fois qu'ils ont paru; il présente une vue d'ensemble sur les idées économiques de Turgot (1). » L'opinion publique se passionnait alors pour les discussions économiques, à tel point que l'on dut, pendant un temps, s'interdire ces sortes de discussions dans les salons.

Ce n'est d'ailleurs pas par ces publications seulement que Condorcet seconda les vues de Turgot; il aida encore de sa personne le ministre cher « aux économistes », en acceptant, d'une part, le poste d'inspecteur des monnaies, d'autre part, la mission d'examiner, avec d'Alembert et Bossut, les projets relatifs à l'hydrodynamique et à la navigation intérieure du royaume.

Inspecteur des monnaies, Condorcet le resta pendant quatorze ans (2), aussi ne faut-il pas s'étonner des nombreux traités relatifs aux emprunts, aux impôts, aux assignats, qu'il fit paraître de 1788 à 1793. Le labeur dont témoignent ces ouvrages, le scrupule avec lequel il exerçait

(1) Frank Alengry. *Condorcet guide de la Révolution française,* p. 21.

(2) A l'arrivée de Necker au pouvoir, Condorcet avait adressé sa démission au comte de Maurepas, qui refusa de l'accepter.

ses fonctions, n'empêchèrent pas Condorcet de porter ses méditations sur d'autres objets; des évènements aussi importants que la révolution d'Amérique (1776-1787), et que la convocation des Etats-Généraux ne pouvaient le laisser indifférent; aussi, préparé par l'observation attentive des faits sociaux et politiques, Condorcet aborda-t-il les théories constitutionnelles dans de nombreux ouvrages spéciaux; à la base de ses théories, Condorcet place le respect des droits naturels de l'homme qu'aucune Constitution n'a le pouvoir de violer; il estime que toute bonne constitution doit être précédée d'une déclaration et d'une énumération de ces droits: « Une déclaration des droits de l'homme et du citoyen, dit-il, rédigée par des hommes éclairés, est la véritable barrière de tous les pouvoirs, la seule qui n'expose ni la tranquillité publique, ni la sûreté des individus (1). » « Tous ceux, ajoute-t-il, qui écrivent et qui parlent sagement sur la position actuelle de la France, disent que les Etats-Généraux doivent commencer par une Déclaration des Droits, et que les provinces doivent l'exiger par leurs mandats (2). » Les droits naturels de l'homme, et surtout l'égalité, constituent, avec l'idée de justice, le principe de toutes ses théories morales, constitutionnelles et économiques; nous verrons plus loin le développement de ce principe, quand nous traiterons du fondement des idées économiques de Condorcet.

Les traités de Condorcet ayant pour objet les théories politiques ou constitutionnelles, sont très nombreux: ceci

(1) *Essai sur la Constitution des Assemblées provinciales*, VIII, Post-scriptum, p. 657.
(2) *Déclaration des droits*, IX, p. 177.

s'explique par l'intérêt que le philosophe portait à ces questions et aussi par l'autorité qui s'attachait à son nom; « il est, dit M. Alengry, le centre de l'opinion publique ».

Condorcet avait épousé, le 28 décembre 1786, Mlle Sophie de Grouchy, « charmante et éminente personne », écrit le docteur Robinet, « qui partagea dans les salons les honneurs de la célébrité avec Mme de Staël ». « Son salon, en effet, d'après Michelet, était le centre naturel de l'Europe pensante. Toute nation comme toute science y avait sa place (1). »

Condorcet ne devait pas se contenter d'être « le centre de l'Europe pensante »; son plus vif désir a toujours été « de répandre les lumières » dans la masse de la nation; il encourageait ses concitoyens à le faire, et il s'y essayait pour sa part; c'est dans ce but qu'il devint journaliste, membre de la Commune et député.

L'autorité que lui avaient acquise ses travaux constitutionnels et ses luttes politiques le fit choisir par ses collègues de l'Assemblée Législative comme président de cette Assemblée. Il s'y occupa spécialement des questions relatives aux finances et à l'Instruction publique.

Envoyé à la Convention par le département de l'Aisne, Condorcet, opposé en principe à la peine de mort, refusa de voter la mort du Roi, disant qu'il fallait lui infliger la peine la plus élevée après celle de la mort. Le travail le plus important de la Convention était la confection d'une nouvelle constitution; on fit naturellement appel au concours de Condorcet qui présenta et soutint énergiquement

(1) Michelet. *Les Femmes de la Révolution*, pp. 70 et suiv. — Condorcet habitait alors à l'Hôtel des Monnaies, quai Conti.

un projet où il réalisait toutes ses théories constitutionnelles; il eut le regret de le voir repousser; quelques jours après, un projet du Comité de salut public, présenté par Hérault de Séchelles, était adopté par la Convention. Cet échec fut très sensible à Condorcet, d'autant que « tout ce qui était bon dans le second projet était copié du premier, et qu'on n'avait fait que pervertir et corrompre ce qu'on avait voulu corriger (1) ». Le coup d'Etat de la Montagne contre les Girondins mit le comble à la colère de Condorcet; il adressa : « *Aux citoyens français sur la nouvelle Constitution* », une protestation où, après avoir fait un parallèle entre son projet de constitution et celui qui lui avait été préféré, il en appelait aux assemblées primaires de la décision de la Convention. Sur la dénonciation de Chabot, l'Assemblée décréta que Condorcet serait mis en état d'arrestation, que les scellés seraient mis sur ses papiers et ses biens confisqués.

Condorcet trouva un refuge rue Servandoni, chez Mme Vernet, qui fit preuve du plus grand dévouement envers le proscrit; c'est dans cet asile, où il est resté neuf mois, que, pour détourner son attention des évènements qui l'affligeaient, il composa son ouvrage le plus connu : *Esquisse d'un tableau historique des progrès de l'Esprit humain.*

Pour ne pas compromettre sa bienfaitrice, Condorcet, trompant la surveillance inquiète dont il était l'objet de sa part, s'enfuit de la rue Servandoni.

Il pensa trouver un abri hors de Paris, à Fontenay-aux-

(1) *Aux citoyens français sur la nouvelle Constitution*, XII, p. 672.

Roses, chez les Suard, auxquels il avait eu l'occasion de rendre service; mais ceux-ci, bien que désireux de se rendre utiles au proscrit, n'avaient nulle envie de risquer leur tranquillité et encore moins leur tête. Condorcet dut chercher ailleurs: faible, épuisé de fatigue, il erra dans la direction de Clamart; arrivé dans cette dernière localité, il entra à l'auberge de Louis Crépinet pour se reposer et se rafraîchir; malheureusement, l'aubergiste était un des municipaux de la commune et chef de la force armée et, pour comble de malchance, le plus furieux terroriste de Clamart, Champy, y buvait avec un autre cultivateur; Champy alla dénoncer Condorcet au Comité de surveillance qui le fit amener sur-le-champ, l'interrogea, et le fit écrouer à la maison d'arrêt de Bourg-la-Reine; ces faits se passaient le jeudi 27 mars 1794; le surlendemain, le prisonnier était trouvé mort dans son cachot; l'officier de santé chargé de l'examen du cadavre déclara que la mort était due à une apoplexie sanguine; on croit plus généralement que Condorcet s'était empoisonné.

En résumé, Condorcet a été mathématicien par goût, et homme politique par tempérament autant que par raison. Mathématicien, il l'a été dès son enfance et l'est resté toute sa vie. Le résultat de ses observations et la rapidité avec laquelle les évènements se déroulaient l'ont amené à prendre part, soit indirectement par ses œuvres, soit directement comme membre des assemblées délibérantes, au mouvement politique.

Condorcet, dès sa sortie du collège, s'est mis à réfléchir sur les idées de justice et de vertu; et il constatait partout l'injustice et la corruption; la cause de cette injustice et de cette corruption, il la voyait dans les « préjugés », dans l'ignorance de la masse; c'est pourquoi il prôna par-dessus tout la diffusion de l'Instruction publique; c'est pourquoi lui-même s'est fait, dans nombre de ses ouvrages, l'instituteur de la nation.

De plus, chaque fait, chaque évènement qui lui semblaient blesser la justice envers un particulier ou envers la masse du peuple étaient pour lui une occasion de prendre la défense des intérêts ou des droits ainsi opprimés.

Condorcet, en effet, était très sensible. Comme beaucoup d'êtres sensibles, il était réservé et très timide dans les salons ou même dans les Assemblées : « Il ne cause point en société où il paraît presque toujours ou distrait ou profondément occupé », dit Mlle de Lespinasse; dans les Assemblées, rares ont été ses interventions à la tribune.

Dans l'intimité, cette sensibilité se traduisait par une grande bonté; ses amis ne l'appelaient que le « bon Condorcet ».

Mais cette sensibilité était-elle vivement émue, Condorcet se départait de son calme et de sa timidité. « Son âme calme et modérée dans le cours ordinaire de la vie, devient ardente et pleine de feu, s'il s'agit de défendre les opprimés, ou de défendre, ce qui lui est plus cher encore, la liberté des hommes et la vertu des malheureux; alors son zèle va jusqu'à la passion; il en a la chaleur et le tourment, il souffre, il agit, il parle, il écrit avec toute l'énergie d'une âme active et passionnée (1). »

D'Alembert résumait son impression sur Condorcet en

(1) *Portrait de M. le marquis de Condorcet, par Mlle de Lespinasse*, Œuvres de Condorcet, I, pp. 633-634.

quelques mots : « C'est un volcan couvert de neige », disait-il ; Turgot et Voltaire le surnommaient le « mouton enragé ». Tous ceux qui l'ont connu s'accordent à reconnaître et son calme dans le cours ordinaire de sa vie et son exaltation sous le choc de certains évènements.

Condorcet, même en économie politique, n'a pas été exempt de passion ; sans doute, les évènements n'ont pas changé sa doctrine, ils n'ont été qu'une occasion pour lui de la rappeler ; mais, en combattant les doctrines opposées aux siennes, il se trouvait par là même amené à juger les hommes qui les soutenaient ; et ces jugements, il ne les a pas toujours portés, en particulier en ce qui concerne Necker et Colbert, avec un sang-froid suffisant.

L'économie politique ! Il semble qu'elle occupe bien peu de place dans la vie et dans les œuvres de Condorcet. Il est bien certain que celui-ci a fait la part beaucoup plus large aux travaux constitutionnels ou aux ouvrages de pure politique ; mais ceci s'explique ; quel est, en effet, son idéal ? C'est de dissiper l'ignorance en répandant « les lumières » ; or, le principe de toutes les erreurs a été la méconnaissance des « droits sacrés » de l'homme ; rappeler ces droits, quels ils sont, quel doit être le rôle de toute loi positive vis-à-vis de ces droits, tel est en résumé pour Condorcet l'objet d'une Constitution ; ses ouvrages ont eu pour but le développement de cette idée ; puis il a envisagé à qui incombait le soin de faire la constitution, quel devait être le mode d'élection des représentants du pays, toutes questions qui présentaient un double intérêt, d'abord par suite de la Révolution d'Amérique, en second lieu en prévision, car Condorcet la prévoyait, et plus tard en présence de la Révolution de 1789; ces œuvres politiques, Condorcet les considérait comme indispensables, car il avait, sur ces questions, des idées neuves et, d'ailleurs, les traités de ce genre étaient rares.

Tandis que les œuvres économiques avaient été l'objet de l'attention d'hommes véritablement imprégnés de l'esprit scientifique. Boisguilbert d'abord, Quesnay, Gournay et Turgot ensuite, avaient consacré à l'économie politique le meilleur de leur temps, transformant en une véritable science des études qui jusqu'alors n'avaient été envisagées que partiellement et subsidiairement. Le Mercier de la Rivière, Dupont de Nemours, Baudeau et les autres physiocrates répandaient les doctrines de leur maître. Aussi Condorcet pouvait-il penser qu'il était moins urgent pour lui de composer des traités économiques que de préparer et de précipiter l'avènement de la justice par le respect des droits naturels de l'homme. Son amitié pour Turgot, avec lequel il entretenait une correspondance suivie, sa collaboration dans son ministère, l'amenèrent à défendre, dans des opuscules, les idées de son maître. Il ne faut pas chercher dans Condorcet d'idées originales; il a été surtout un « vulgarisateur ingénieux et élégant », mais un vulgarisateur au courant de la science économique; il avait lu, en effet, outre les lettres, les articles et les mémoires de Turgot, la plupart des ouvrages physiocratiques: *Le Tableau économique*, de Quesnay; l'*Ordre naturel et essentiel des sociétés politiques*, de Le Mercier de la Rivière; l'*Origine et les progrès d'une science nouvelle*, de Dupont de Nemours; l'*Ordre social, de l'Intérêt social, de l'Administration provinciale et de la réforme de l'impôt*, par Le Trosne;

Première introduction à la philosophie économique et Explication du Tableau économique, de l'abbé Baudeau. Outre les physiocrates, Condorcet connaissait Ad. Smith, Hume, Condillac ; il suivait les publications de Necker et de l'abbé Galiani, et il correspondait avec le comte Pierre Verri au sujet de son ouvrage : « *Meditazioni sull' economica politica.* »

« Dans les sciences physiques, écrivait Condorcet, on convient sans peine de son ignorance ; on avoue que pour les entendre on a besoin de les étudier ; on connaît ceux qui passent pour être instruits, on s'en rapporte à eux ; et il suffit que les gens éclairés conviennent d'une vérité pour que le reste la croie et la professe. Il n'en est pas de même de l'économie politique. Chacun s'y croit juge ; on n'imagine pas qu'une science qui n'emploie que des mots de la langue usuelle ait besoin d'être apprise ; on confond le droit social d'avoir un avis sur ce qui intéresse la société, avec celui de prononcer sur la vérité d'une proposition, droit que les lumières seules peuvent donner. Connaître la vérité pour y conformer l'ordre de la société, telle est l'unique source du bonheur public. Il est donc utile, nécessaire même d'étendre les lumières et surtout de les répandre (1). »

La vérité, Condorcet l'avait trouvé dans Turgot, Quesnay, Ad. Smith, Condillac ; l'arrivée au ministère de son grand ami lui fit comme un devoir de répandre cette vérité ; son nom, son autorité, sa réputation, sa popularité naissante pouvaient beaucoup pour la diffusion des « lumières » économiques ; et, si la jeune science ne lui est redevable

(1) *Vie de Turgot*, V, p. 203.

d'aucune idée nouvelle, elle doit certainement à son talent d'avoir fait des progrès dans nombre de bons esprits du XVIIIe siècle.

Une étude sur les idées économiques de Condorcet présente, en somme, tout l'intérêt que peut avoir une page de l'histoire d'une jeune science à ses débuts; les principales œuvres de l'auteur, d'où l'on peut les extraire, sont les suivantes, par ordre chronologique:

1775. — *Réflexions sur les corvées, à Mylord ****. T. XI, p. 59.
Monopole et Monopoleur, articles extraits des suppléments d'un dictionnaire très connu. T. XI, p. 35.
*Lettre d'un laboureur de Picardie à M. N***, auteur prohibitif, à Paris*. T. XI, p. 1.

1776. — *Remarques sur les Pensées de Pascal*. T. III, p. 635.
Réflexions sur le commerce des blés. T. XI, p. 99.
Sur l'abolition des corvées. T. XI, p. 87.

1780. — *Mémoire sur le canal de Picardie*. T. XI, p. 315.

1781. — *Réflexions sur l'esclavage des nègres*. T. VII, p. 61.

1786. — *Vie de M. Turgot*. T. V, p. 1.
De l'influence de la Révolution d'Amérique sur l'Europe. T. VIII, p. 1.

1788. — *Lettres d'un citoyen des États-Unis à un Français sur les affaires présentes*. T. IX, p. 95.
Essai sur la constitution et les fonctions des assemblées provinciales. T. VIII, p. 115.

1789. — *Sur les opérations nécessaires pour rétablir les finances*. T. XI, p. 363.

Vie de Voltaire. T. IV, p. 3.

Notes sur Voltaire. T. IV, p. 317.

Plan d'un emprunt public avec des hypothèques spéciales. T. XI, p. 351.

1790. — *Sur les caisses d'accumulation*. T. XI, p. 387.

Mémoires sur la fixation de l'impôt. T. XI, p. 405.

Sur la proposition d'acquitter la dette exigible en assignats. T. XI, p. 485.

Nouvelles réflexions sur le projet de payer la dette exigible en papier forcé. T. XI, p. 517.

Sur la constitution du pouvoir chargé d'administrer le trésor national. T. XI, p. 541.

Des causes de la disette numéraire, de ses effets, et des moyens d'y remédier. T. XI, p. 529.

Mémoires sur les monnaies. T. XI, p. 581.

1791. — *Mémoire sur les effets qui doivent résulter de l'émission de la nouvelle monnaie de cuivre*, présenté au Comité des finances de l'Assemblée Nationale, au nom des commissaires de la Trésorerie. T. XII, p. 43.

1791-1792. — *Mémoires sur l'Instruction publique*. T. VII, p. 167.

1792. — *Sur la liberté de la circulation des subsistances*, T. X, p. 357.

Sur la distribution des assignats et sur l'établissement du payement par registre. T. X, p. 301.

Sur les troubles relatifs aux subsistances. T. XII, p. 313.

1793. — *Que toutes les classes de la société n'ont qu'un même intérêt.* T. XII, p. 645.
Sur l'impôt personnel. T. XI, p. 471.
Sur l'impôt progressif. T. XII, p. 625.
Tableau général de la science qui a pour objet l'application du calcul aux sciences politiques et morales. T. I, p. 539.
Esquisse d'un Tableau historique des progrès de l'esprit humain. T. VI, p. 1.

Presque toutes ces œuvres sont des œuvres de circonstances; nous nous sommes efforcé d'en exprimer les idées économiques, qui s'y trouvent éparses, pour les coordonner en un système logique; à la vérité, cela nous fut facile, car Condorcet manifeste clairement sa pensée; son but, d'une manière générale, était de détruire les « préjugés » en répandant les « lumières »; il a donc commencé lui-même par s'éclairer en recherchant les principes qui devaient le guider dans la poursuite de la vérité, et la méthode la plus apte à lui faire découvrir cette vérité.

C'est pourquoi, après avoir indiqué l'état de la science économique à l'époque où écrit Condorcet, nous exposons dans notre Chapitre I, les principes philosophiques qui dominent son œuvre économique et la méthode qui, d'après lui, convient le mieux à cette science.

Nous verrons que ces principes ne peuvent, en aucune manière, s'accorder avec les doctrines et la politique professées par les mercantilistes et pratiquées ou préconisées par Colbert ou par Necker; notre Chapitre II aura pour objet d'examiner l'œuvre économique de Condorcet sous son aspect critique ou négatif; il est plus facile de découvrir les défauts de ce qui existe que de prévoir les qualités de ce qui n'existe pas encore; ce n'est qu'après avoir ruiné les doctrines et la politique jusqu'alors en vigueur, que l'on peut nettement apercevoir ce qu'il convient d'édifier sur ces ruines; nous terminons donc notre étude par l'analyse de l'œuvre de Condorcet envisagée sous son aspect positif; nous avons pensé qu'il était bon de distinguer, à ce point de vue, les doctrines et la politique; le Chapitre III a pour objet l'étude des doctrines positives de Condorcet, et le Chapitre IV l'étude de sa politique positive.

Le plan de notre thèse est donc le suivant :

Chapitre I. — Etat de la science économique à l'époque où écrit Condorcet. — Fondement de ses idées économiques.

Chapitre II. — Condorcet adversaire du mercantilisme et du prohibitionnisme.

Chapitre III. — Théories positives de Condorcet.

Chapitre IV. — Politique positive de Condorcet.

CHAPITRE I

Etat de la science économique à l'époque où écrit Condorcet. — Fondement philosophique des idées économiques de Condorcet. — Méthode de Condorcet.

§ I. — Etat de la science économique a l'époque ou écrit Condorcet. — *Le mercantilisme; la physiocratie, aboutissement de la réaction antimercantiliste; théorie du droit naturel de Quesnay.*

§ II. — Fondement philosophique des idées économiques de Condorcet; *Condorcet partisan de l'ordre naturel; La sensation, source de toute idée et de toute action; L'égalité base des droits naturels de l'homme; Intérêts communs de tous les hommes, de toutes les classes et de toutes les nations; L'intérêt et la sympathie, principes de l'activité humaine.* — Méthode de Condorcet : *Observation, expérience et calcul.*

§ I. — Etat de la science économique a l'époque ou écrit Condorcet.

La science économique venait de naître, quand Condorcet publia ses premiers écrits. Son véritable fondateur, en effet, était le médecin Quesnay, qui, né en 1694 et mort le 20 décembre 1774, avait publié son principal ouvrage, le fameux Tableau Economique, en 1758. Sans doute, avant lui, les doctrines économiques n'avaient pas été complètement négligées; déjà, dans l'Antiquité et au Moyen-Age, elles avaient été exposées à titre de doctrines auxiliaires par des moralistes ou par des juristes; puis elles s'étaient émancipées, mais demeuraient fragmentaires (1); Quesnay, en les coordonnant, a réellement créé la science économique. Jusqu'alors, « on cherchait des combinaisons plus ou moins ingénieuses pour faire le bonheur des peuples, et tous les réformateurs étaient convaincus qu'il suffisait de déclarer une réforme pour que le peuple s'y conformât et se laissât pétrir comme une cire molle (2) ». Personne ne songeait à se demander s'il n'existait pas des lois naturelles immuables, que tout pouvoir devait respecter. Les physiocrates ont eu l'honneur de découvrir « l'ordre naturel » des sociétés. Découvrir n'est peut-être pas le mot exact, parce qu'avant eux, d'autres auteurs, dont l'esprit avait été éveillé par les abus de la politique mercantiliste, s'étaient élevés jusqu'à l'idée de « lois naturelles »; historiquement d'ailleurs, l'école physiocratique n'a été que l'aboutissement de la réaction antimercantiliste; aussi peut-il être utile de jeter un rapide coup d'œil en arrière qui, en même temps qu'il montrera sous son véritable jour ce qu'à réellement été la physiocratie, présentera, en outre, un véritable intérêt au point de vue de l'étude des idées économiques de Condorcet.

Né à la suite de deux circonstances principales, dont l'une était la cause de l'autre — la découverte du Nouveau-Monde, et la hausse des prix, — le mercantilisme reposait tout entier sur cette idée erronée que l'or et l'argent sont le facteur prépondérant de la puissance économique et politique d'un Etat. Comme conséquence, la politique économi-

(1) Cf. Dubois. *Précis de l'histoire des doctrines économiques dans leurs rapports avec les faits et avec les institutions*, Paris, 1903, T. I, p. 3.

(2) Batbie. *Cours d'économie politique*, T. II, Appendice.

que n'eut plus qu'un but : attirer le plus possible de métaux précieux dans la nation et les y retenir ; les privilèges et les prohibitions n'ont été établis que dans ce but (1). Nuisible à l'agriculture, cette politique présenta, pour le développement du commerce et des industries manufacturières, beaucoup plus d'avantages que d'inconvénients ; en fait, le but poursuivi a été atteint (2).

Mais il arriva que les successeurs de Colbert appliquèrent jusqu'à l'exagération le système mercantiliste, de sorte que les défauts de ce système devinrent plus apparents que ses avantages ; on ne voyait partout que conflits, conflits entre privilégiés et non privilégiés, conflits entre manufacturiers et commerçants, les uns réclamant sans cesse de nouvelles restrictions à la liberté du commerce international, les autres ayant intérêt à la liberté de l'importation et de l'exportation ; conflits entre la classe industrielle et commerçante et la classe agricole, celle-ci se trouvant ruinée par l'avilissement du prix du blé ; en outre, l'élévation des prix n'était pas faite pour satisfaire le consommateur, déjà contrarié dans ses goûts ; les industriels eux-mêmes, les privilégiés du régime mercantiliste, en arrivèrent à protester contre l'exagération des règlements qui, outre qu'ils étouffaient l'esprit d'invention, entraînaient des frais et des pertes de temps (3).

Tous ces conflits, tous ces mécontentements entraînèrent naturellement une réaction ; en même temps que la nécessité d'une nouvelle politique se faisait sentir, un nouveau cou-

(1) Cf. Dubois, *op. cit.*, T. I, pp. 200 et s.
(2) *Ibid.*, pp. 101 et s. et p. 268.
(3) *Ibid.*, pp. 271 et s.

rant d'idées, qui devait aboutir à Quesnay et à son école, commençait à se dessiner.

Tout d'abord, la misère des campagnes entraîne une réaction en faveur de l'agriculture, dont Vauban, Cantillon et Boisguilbert se font les ardents apôtres. En second lieu, l'observation des conflits que les règlements et les privilèges occasionnent entre les différentes classes de la société et entre les individus d'une même classe, conduit certains penseurs à cette idée que les règlements et les prohibitions ne sauraient être profitables à aucune nation, parce que la nature ne peut les supporter. « Loin d'obéir à l'autorité des hommes, écrit Boisguilbert, la nature s'y montre toujours rebelle et ne manque jamais de punir l'outrage qu'on lui fait. » Tucker pense qu'il est aussi vain de vouloir régler les mouvements du commerce qu'il le serait de vouloir prescrire des lois physiques à la nature (1). Le premier devoir de l'écrivain qui veut résoudre un problème économique est donc d'interroger la nature. Or, la nature enseigne à Boisguilbert que la richesse consiste non dans l'or et l'argent, mais dans « le pouvoir de se procurer l'entretien commode de la vie, tant pour le nécessaire que pour le superflu » ; que l'agriculture est le principal facteur de la richesse nationale, que les Etats sont solidaires les uns des autres, qu'il y a harmonie entre les intérêts des diverses classes d'une même nation, enfin que l'individu qui travaille dans son intérêt propre, travaille inconsciemment pour le bonheur commun ; la découverte de ces principes entraîna comme conséquences de vigoureuses attaques contre les

(1) Dubois, *op. cit.*, p. 288.

monopoles, les privilèges et les règlements et une ardente campagne en faveur de la liberté du commerce intérieur et extérieur des grains.

« Avec ces principes généraux, constate M. Dubois, il était possible de constituer une science économique. » Et cependant, jusqu'aux physiocrates, il n'y eut que des systèmes fragmentaires. Cet honneur devait échoir à Quesnay (1).

Quesnay et ses disciples ne donnèrent pas à la science économique des limites bien définies ; ils la regardaient, en effet, comme « la science du droit naturel appliqué, comme il doit l'être, aux sociétés civilisées (2). »

Ainsi envisagée, l'économie politique ne fut pas suffisamment dégagée par eux de la morale sociale et du droit constitutionnel.

Les doctrines physiocratiques reposent en entier sur la théorie du droit naturel, que Quesnay transporte du domaine moral dans le domaine physique. Pour l'auteur du *Tableau économique*, le droit naturel est le droit que l'homme a aux choses nécessaires à son existence physique la plus heureuse possible, au maximum de bien-être matériel.

Il faut donc rechercher quel est l'ordre physique.

La première question qui se pose est celle de savoir comment l'on peut parvenir à la connaissance de cet ordre, ce

(1) Voici dans quels termes Condorcet apprécie Boisguilbert : « Il avait deviné, dit-il, une partie des vrais principes de l'économie politique... On peut le comparer aux chimistes du même temps. Plusieurs eurent du génie, firent des découvertes; mais la science n'existait pas encore, et ils laissèrent à d'autres l'honneur de la créer. » *Notes sur Voltaire*, T. IV, p. 366.

(2) Dupont de Nemours. *Collection des principaux économistes*, Guillaumin, T. II, première partie, p. 397.

qui revient à se demander quelle est l'origine de nos idées.

En disciple de Locke et de Condillac, Quesnay estime que toutes les facultés de l'âme ont leur source dans la sensation, que l'idée est une transformation de la sensation ; mais, tandis que Condillac ne voit que le rapport des sens avec les facultés, sans autre intervention que celle de la raison, Quesnay explique l'effet de la sensation sur l'esprit par une intervention de Dieu qui agit en nous pour éveiller une idée, il combine en quelque sorte la théorie des sensations de Condillac avec celle de la vision en Dieu de Malebranche. Ce mécanisme de la connaissance, ainsi compris, conduit Quesnay à cette conclusion que le droit naturel est obligatoire puisqu'il nous est révélé par la raison grâce à l'intervention divine ; sa violation entraînera une souffrance physique, une privation de jouissances matérielles.

Pour connaître l'étendue du droit naturel des hommes réunis en société, il faut « se fixer aux lois naturelles constitutives du meilleur gouvernement possible... Ce gouvernement, auquel les hommes doivent être assujettis, consiste dans l'ordre naturel et dans l'ordre positif le plus avantageux aux hommes réunis en société. Les hommes réunis en société doivent donc être assujettis et à des lois naturelles et à des lois positives... Les lois naturelles sont ou physiques ou morales. La loi physique est le cours réglé de tout évènement physique de l'ordre naturel évidemment le plus avantageux au genre humain. La loi morale est la règle de toute action humaine de l'ordre moral conforme à l'ordre physique évidemment le plus avantageux au genre humain... Les lois physiques et les lois morales forment ensemble ce qu'on appelle la loi naturelle. Tous les hommes et toutes les puissances humaines doivent être soumis à ces lois souveraines instituées par l'Etre Suprême : elles sont immuables et irréfragables et les meilleurs lois possibles, par conséquent, la base du gouvernement le plus parfait et la règle fondamentale de toutes les lois positives, car ces lois positives ne sont que des lois de manutention relatives à l'ordre naturel évidemment le plus avantageux au genre humain (1). »

En résumé, d'une part, les lois naturelles instituées par Dieu ont pour but d'assurer le bonheur de l'espèce humaine, d'autre part les lois morales rentrent dans le domaine physique, puisqu'elles doivent être « conformes à l'ordre physique évidemment le plus avantageux au genre humain ».

C'est d'ailleurs pour accroître leur bien-être physique et pour obtenir une plus pleine jouissance de leurs droits naturels, que les hommes ont conclu un pacte social ; l'état de nature ne saurait convenir à l'homme, qui est un animal sociable ; sans doute, Quesnay conçoit cet état comme à peu près paisible, mais la constitution physique même de l'homme lui commande d'en sortir.

En somme, la société est nécessaire au plein développement physique et moral de l'homme.

Quesnay estime que le véritable moteur de la machine sociale est l'intérêt individuel ; il pense, avec Bernard de Mendeville et Maxwell, que les intérêts individuels laissés à leur libre cours agissent dans le sens de l'intérêt général, non pas que chaque intérêt, pris en particulier, soit néces-

(1) Quesnay. *Le Droit naturel*, Collection des principaux économistes, T, II, Physiocrates, Guillaumin, édit, Première partie, pp. 48-52-53.

sairement conforme à l'intérêt général, ni que les intérêts individuels soient à l'unisson; mais les intérêts se limitent mutuellement; les excès de l'un sont corrigés et arrêtés par les excès de l'autre; ce sont comme des forces dirigées en sens divers, et dont la résultante agit dans le sens de l'intérêt général.

De cet équilibre des intérêts, les physiocrates tirèrent leur doctrine de la liberté économique absolue.

La conclusion de Quesnay est que les hommes d'Etat et les économistes n'ont qu'un devoir: rechercher, pour les découvrir, les lois naturelles établies par la Providence en vue du bien-être le plus grand possible, et faciliter leur action en s'abstenant de toute intervention qui pourrait entraver leur cours ou modifier leurs conséquences.

Quesnay lui-même a condensé sa doctrine dans cette maxime :

Ex natura jus, ordo et leges;
Ex homine arbitrium, regimen et coercitio.

§ II. — Fondement philosophique des idées économiques de Condorcet. — Méthode de Condorcet.

Bien que Condorcet ne partage pas toutes les opinions émises par Quesnay dans son *Droit naturel,* cette maxime pourrait cependant être inscrite en tête de ses principes économiques. Il déclare, en effet, que « les richesses et le travail se distribuent sur le territoire d'une grande nation suivant un *ordre naturel,* que les institutions politiques n'altèrent presque jamais qu'aux dépens de l'utilité générale (1) ».

C'est une formule purement physiocratique. Condorcet revient très souvent sur l'idée de lois naturelles supérieures aux lois positives. « Les lois, écrit-il, ne sont, ne peuvent être que des conséquences, des applications du droit naturel (2). » Par esprit d'une loi, il « entend les maximes du droit naturel, de justice universelle, de raison qui servent de base à la loi, et non, comme on l'entend quelquefois, le motif de politique, la vue secrète de prétendue utilité publique qui a dicté la loi (3) ».

Mais Condorcet n'admet en aucune occasion l'intervention de la Providence ; d'après lui, « la *raison* et la *nature* sont les seules autorités que les peuples indépendants puissent reconnaître (4) ». La raison parviendra à la connaissance du droit naturel par l'observation de la nature et par l'analyse des facultés et des sentiments ; la philosophie, en effet, aux principes de laquelle l'économie politique, comme toutes les sciences, doit être soumise (5), ne peut

(1) *Sur l'impôt progressif*, XII, p. 633.

(2) *De la nature des pouvoirs politiques dans une nation libre*, X, p. 594. Cf. *Vie de Turgot*, V, p. 205.

(3) *Lettres d'un bourgeois de New-Haven à un citoyen de Virginie*, IX, p. 63.

(4) *Esquisse d'un Tableau historique des progrès de l'esprit humain*, VI, p. 156. Cf. *Ibid.*, p. 187, où Condorcet dit que la raison est le seul instrument qui nous ait été donné pour saisir la vérité, Cf. *Essai sur les Assemblées provinciales*, VIII, p. 496 ; « Ce n'est pas dans la connaissance positive des lois établies par les hommes qu'on doit chercher à connaître ce qu'il convient d'adopter; c'est dans la raison seule; et l'étude des lois instituées chez les différents peuples et dans les différents siècles n'est utile que pour donner à la raison l'appui de l'observation et de l'expérience, que pour lui apprendre à prévoir ce qui peut ou ce qui doit arriver. »

(5) *Esquisse d'un Tableau historique des progrès de l'esprit humain*, VI, p. 181.

être fondée que « sur la nature et sur l'observation (1) ». Il faut « observer l'univers au lieu de le construire, et étudier l'homme au lieu de le deviner (2) ».

Condorcet exclut donc de sa philosophie la conception métaphysique de Quesnay, ce en quoi il se rapproche de Condillac, qui n'a cherché l'explication des phénomènes économiques que dans la nature physique et psychologique de l'homme vivant en société.

Avec Condillac encore, et d'une manière plus absolue que Quesnay, Condorcet considère la sensation comme la seule source de toute idée, de tout sentiment, et, par suite de toute activité; nombreux sont les ouvrages de droit constitionnel, de morale, ou d'économie politique, où il insiste sur ce principe: « C'est à Aristote, écrit-il, que nous devons cette vérité importante que nos idées, même les plus abstraites, les plus purement intellectuelles, pour ainsi dire, doivent leur origine à nos sensations (3). » Donc, tout être sensible et capable de raisonner, peut et doit acquérir des idées (4). « La mémoire de nos sensations, et la faculté que nous avons de réfléchir sur ces sensations passées et de les combiner, sont le seul principe de nos connaissances (5). » L'idée de justice elle-même, le sentiment de la justice, l'idée la plus haute et la plus utile, le sentiment le plus noble n'ont pas d'autre source: « L'homme qui, s'étant procuré,

(1) *Eloge de Franklin*, III, p. 404.
(2) *Esquisse*, etc., VI, p. 169. Cf. *Ibid.*, pp. 156-157 et *Vie de Turgot*, V, p. 173.
(3) *Esquisse*, etc., VI, p. 88.
(4) *Vie de Turgot*, V, p. 173.
(5) *Vie de Turgot*, V, p. 170. Cf. *Esquisse*, etc., VI, pp. 182-183-184-294-340-474.

à force de travail, les choses propres à satisfaire ses besoins, ne pourrait les y appliquer, et verrait tout à coup les fruits de son labeur passer à un voisin paresseux: cet homme n'éprouverait-il pas une juste indignation et une peine d'autant plus vive qu'il aurait pu se croire plus assuré de cette jouissance? L'idée de cette peine, soit qu'on l'ait éprouvée, soit que l'on ne l'ait sentie que par le spectacle du malheur d'autrui, suffit pour faire naître un sentiment de justice qui porte l'homme à respecter cette propriété exclusive (1). »

La sensation n'est pas seulement l'origine de nos idées et de nos sentiments, elle est aussi la source de toute activité, par cette raison bien simple qu'il n'y a pas de sensations indifférentes: tour à tour agréables ou désagréables, l'homme recherchera les unes et fuira les autres: « Les hommes n'ont d'autres motifs de leurs actions que d'éviter la souffrance et de chercher le bonheur (2). » C'est pour atteindre plus facilement le bonheur, pour l'obtenir plus complet, que les hommes se sont réunis en société: « Trop faibles, lorsqu'ils sont isolés, pour résister aux maux qui les environnent, ils se rapprochent, et pour profiter de leur réunion, ils font entre eux une convention; chacun s'engage envers la société à l'aider de ses forces; la société s'engage

(1) Cf. Alengry, *op. cit.*, p. 750. Cf. *Esquisse*, etc., VI, p. 183 : « Ainsi, dit Condorcet, l'analyse de nos sentiments nous fait découvrir, dans le développement de notre faculté d'éprouver du plaisir et de la douleur, l'origine de nos idées morales, le fondement des vérités générales qui, résultant de ces idées, déterminent les lois immuables, nécessaires, du juste et de l'injuste; enfin les motifs d'y conformer notre conduite, puisés dans la nature même de notre sensibilité, dans ce que l'on pourrait appeler, en quelque sorte, notre constitution morale. »

(2) *Réflexions sur les pouvoirs et instructions à donner par les provinces à leurs députés aux Etats Généraux*, IX, p. 270. Cf. *Esquisse*, etc., VI, pp 183-184 et 515.

envers chacun de ses membres à employer, pour le défendre, les forces de l'association, et ce contrat est obligatoire, autant pour la société entière que pour chaque individu, puisqu'il est l'effet d'une volonté unanime, déterminée par l'intérêt commun (1). » Réunis en société, les hommes n'ont entendu abandonner aucun de leurs droits naturels, puisque c'est, au contraire, pour assurer à ces droits leur plein épanouissement que la réunion en tribus, en peuplades, en nations, a été conçue ; car, de ce que les droits naturels dérivent de la nature de l'homme, il résulte « par une conséquence évidente, nécessaire, qu'il doit jouir de ces droits, qu'il ne peut en être privé sans injustice (2). »

Or, « les droits inhérents à l'espèce humaine appartiennent à tous les hommes avec une entière égalité (3) » ; d'où il suit que « l'égalité naturelle est la première base de leurs droits (4) ». La société doit donc, avant tout, non seulement respecter, mais conserver et protéger l'égalité naturelle.

L'égalité se confond chez Condorcet avec la justice : toute injustice provenant d'une inégalité, toute inégalité constituant une injustice : « Un droit n'est, dans le sens le plus précis, qu'un titre à une jouissance extérieure fondée

(1) *Réflexions sur les pouvoirs et instructions*, etc., IX, p. 270.

(2) On ne saurait priver l'homme d'un droit sous prétexte de morale; c'est ainsi, par exemple, que l'on ne peut justifier les taxes sur le vin par l'avantage d'éloigner le peuple « de dépenses inutiles ou même funestes... » C'est pour jouir plus sûrement, plus tranquillement de leurs droits, que les hommes ont établi une puissance publique, et non pour être soumis par elle à des pénitences, lorsqu'ils manquent de prévoyance ou de sobriété. *Essai sur les Assemblées Provinciales*, VIII, p. 365.

(3) *Esquisse*, etc., p. 131. Cf. *Ibid.*, p. 178.

(4) *Ibid.*, p. 151.

sur l'égalité, comme la justice n'est que l'égalité telle qu'une raison éclairée la reconnaît (1). » Mais il ne faut pas confondre l'égalité, telle que la conçoit Condorcet, avec ce qu'on nomme parfois aujourd'hui « l'égalitarisme »; il n'entend nullement dire que tous les hommes naissent avec des talents égaux, avec d'égales aptitudes; observateur attentif, il est forcé de constater les inégalités d'intelligence et de tempérament; ce qu'il prétend, c'est que tous les hommes naissent avec des *droits égaux*: « Tous les hommes tiennent des droits *égaux* de leur nature même (2). » Tous ont un droit *égal* à la *sûreté* de leur personne et de leur famille, à la *propriété*, à la *liberté*. En ce qui concerne la propriété, par exemple, il se peut que les biens qui représentent cette propriété soient d'une inégale étendue ou d'un rapport très différent pour chaque propriétaire, mais chacun du moins, a un droit égal à la libre disposition de ses biens; chacun doit « pouvoir vendre, donner, échanger ce qui est à lui, et, si cette propriété consiste dans les denrées qui se reproduisent, de régler cette reproduction à son gré, et de jouir, comme il le voudra, du produit. La seule borne à cette libre disposition est de ne rien faire qui puisse nuire à la sûreté, à la liberté, à la propriété, et en général aux droits d'un autre (3) ».

Ce n'est pas seulement la justice rigoureuse qui oblige de laisser chaque individu jouir de l'exercice le plus libre de sa propriété, « le bien général de tous est d'accord avec ce principe de justice ».

(1) *Esquisse*, etc., VI, pp. 326-327.
(2) *Ibid.*, VI, p. 178. Cf. *Ibid.*, p. 131.
(3) *Vie de Turgot*, V, p. 179.

Par exemple, « l'agriculture doit être libre, parce que le cultivateur cherche nécessairement à produire le plus de denrées et à produire celles qui, pour une peine et des avances égales, donnent le plus grand produit. Toute gêne est donc inutile si elle ne dérange point les spéculations des agriculteurs; elle nuit à la reproduction, si elle les contrarie.

« L'industrie doit être libre, puisque l'intérêt de tous ceux qui s'y livrent est de mériter la préférence par la bonté du travail, ou d'en augmenter la masse. Tout privilège en ce genre est à la fois une injustice envers ceux qui ne la partagent pas, et une mesure contraire à l'intérêt général, puisqu'elle diminue l'activité de l'industrie.

« Le commerce doit être libre, parce que l'intérêt du commerçant est de vendre beaucoup et d'avoir à vendre tout ce dont les acheteurs ont besoin, et que la concurrence née de la liberté est le seul moyen d'enlever aux négociants l'intérêt et le désir de hausser les prix. Toute gêne est donc nuisible, parce qu'elle diminue à la fois et l'activité et la concurrence.

« L'intérêt de l'argent doit être libre, parce qu'alors il se règle toujours sur le profit qu'il rapporte à l'emprunteur, et sur la probabilité de retirer ses fonds. Si on le fixe par une loi, en soumettant à des pertes ou à des peines ceux qui s'en écartent, on nuit à l'activité du commerce, et l'on augmente le taux de cet intérêt qu'on voulait diminuer (1). »

Donc, en résumé, dans l'intérieur de chaque nation, « l'intérêt qu'a chaque individu de conserver ses droits se

(1) *Vie de Turgot*, V, pp. 184-185.

confond avec l'intérêt de la société, dont cette conservation est même le but essentiel et direct (1) ».

« Si l'on considère les rapports d'un peuple à un autre, on peut dire que l'intérêt national n'existe pas dans ce sens où l'on suppose ces intérêts opposés... Plus un peuple sera entouré de voisins riches, puissants, ayant de l'industrie, plus il trouvera chez eux de ressources pour ses besoins, d'encouragement pour son industrie... Jamais un peuple ne peut avoir intérêt ni d'en attaquer un autre, ni de gêner sa liberté, ni de s'emparer, à son exclusion, d'une branche de commerce; et l'on peut dire, en général, et dans le même sens, que l'intérêt d'une nation est d'accord avec l'intérêt commun de toutes, comme on a dit que l'intérêt bien entendu de chaque individu s'accordait avec l'intérêt commun de la société (2). »

L'intérêt des nations, dans leurs rapports réciproques, et l'intérêt de chaque nation, dans ses rapports avec les individus, sont donc en harmonie avec les principes de la justice, qui veut que pleine et entière liberté soit laissée à l'individu.

Mais, tandis que Quesnay ne comptait que sur l'intérêt individuel pour mettre en mouvement la machine sociale, Condorcet assigne à l'activité de l'individu, outre son intérêt, un autre principe, qui consiste dans la bienveillance naturelle de l'homme pour l'homme, la sympathie : « Il est plus doux, dit-il, de vivre pour autrui..., c'est alors seule-

(1) *Esquisse*, etc., VI, p. 536.
(2) *Vie de Turgot*, V, p. 200-201. Cf. *Discours sur l'office de l'empereur*, X, p. 296, et *Projet d'une exposition des motifs*, etc., X, p. 449.

ment qu'on vit véritablement pour soi-même (1). » La sympathie se forme *spontanément* dans le cœur de l'homme, à la simple vue du plaisir ou de la douleur éprouvée par autrui; cette spontanéité est une preuve de la *bonté* de la nature humaine, qui n'a été corrompue que par l'ignorance et les préjugés; la vertu ne peut accompagner que les lumières.

« Si Pascal a toujours raison lorsqu'il peint la corruption des hommes, il cesse de l'avoir, lorsqu'il regarde cette corruption comme générale et surtout comme naturelle et incurable (2). » « L'homme est naturellement bon (3). » « Les plus grands malheurs naissent d'une foule de vices et de préjugés qui ne sont pas l'ouvrage de la nature (4). » Le devoir de l'homme éclairé doit donc être de répandre les lumières en détruisant les préjugés; la destruction d'un seul préjugé a une plus grande utilité, au point de vue social, qu'une importante découverte scientifique; le rôle du législateur, instruit de ses devoirs, doit être de « proscrire toutes les lois contraires à la raison et à la nature (5) », pour ne laisser subsister, ou ne faire que des lois déduites des principes généraux du droit naturel, qui auraient l'avantage, non seulement d'être plus simples, d'embrasser moins d'objets, de « pouvoir être écrites dans un style intelligible », mais encore, parce que « liées entre elles et déduites des mêmes principes », de pouvoir se gra-

(1) *Conseils de Condorcet à sa fille*, I, pp. 614-623. Cf. *Testament*, I, pp. 624-625.
(2) *Eloge de Pascal*, III, p. 624.
(3) *Eloge de l'Hôpital*, III, p. 466.
(4) *Eloge de l'Hôpital*, III, p. 463.
(5) *Ibid.*, III, p. 484. Cf. *Ibid.*, p. 536.

ver plus aisément dans la mémoire (1). En un mot, la première chose à faire doit être de faciliter l'instruction par la simplicité et la netteté des méthodes, et de développer ainsi la justesse de l'esprit parce qu'elle est, « de toutes les qualités, celle qui influe le plus sur les détails de la conduite, et celle que la nature a le plus universellement et le plus également répandue (2) ». Il suffira d'avoir l'esprit juste, pour que chacun comprenne que son intérêt, bien entendu, n'est pas de contrarier les intérêts d'autrui.

Condorcet diffère un peu, on le voit, de Mendeville et de Quesnay, pour lesquels l'équilibre des intérêts résultait de la force même des choses; la volonté de l'homme, pour lui, doit contribuer à cet équilibre.

Sa théorie de la sympathie naturelle le différencie encore bien davantage des physiocrates, pour lesquels l'égoïsme était la règle.

A côté de l'égoïsme, il y a place pour l'altruisme: « le premier de nos sentiments naturels est celui qui nous fait compatir aux douleurs des êtres sensibles, c'est-à-dire en souffrir avec eux. Ce sentiment est pénible, il porte à nous en détourner en soulageant ces douleurs; il inspire surtout une vive répugnance pour les actions par lesquelles on en deviendrait soi-même la cause; répugnance qui devient une véritable impossibilité morale et même une impossibilité physique, s'il s'agit d'une action immédiate et directe (3) ».

Il faut « entretenir ce sentiment sans le révolter », le développer dans les enfants qu'il est bon d'accoutumer à

(1) *Vie de Turgot*, V, p. 205.
(2) *Ibid.*, V, p. 207.
(3) *Esquisse*, etc., VI, p. 544.

être heureux du plaisir d'autrui, de manière que « le plaisir de faire le bien soit le premier de tous leurs plaisirs (1) ».

Intérêt et sympathie, tels sont donc les deux principes de l'activité humaine; c'est une sorte de conciliation des idées des physiocrates avec celles de l'Ecole Ecossaise.

De la théorie de Condorcet sont sortis la morale solidariste d'Auguste Comte et le socialisme de Saint Simon.

Condorcet qui revient souvent sur ces idées de lois naturelles, d'égalité, de liberté, d'intérêts harmoniques, de sympathie, idées qui forment la base de son système, s'étonne de ne pas les voir plus généralement adoptées; car même en admettant que les passions déterminent quelques hommes à combattre ces vérités, « ceux-ci ne forment ni la partie la plus nombreuse de la société, ni celle qui exerce le plus d'empire sur l'opinion générale »; il faut que, en dehors de toute cause externe, il y ait une cause intime provenant de l'état intellectuel de chaque individu, état caractérisé par ce fait qu'habitué à recevoir des opinions toutes faites, il ne sait pas analyser les propositions qui lui sont soumises et les preuves sur lesquelles on les appuie.

En d'autres termes, l'instruction ne suffit pas, elle ne peut pas atteindre son but, si elle n'est pas dirigée suivant la véritable méthode philosophique.

L'esprit le plus cultivé, le philosophe le mieux doué, commettra fatalement des erreurs, s'il ne suit pas la véritable méthode d'étudier la nature qui nous a été « révélée par Bacon », et qui consiste à « employer les trois instruments

(1) *Ibid.*, pp. 542 et s.

qu'elle nous a donnés pour pénétrer ses secrets : « l'observation, l'expérience et le calcul (1) ».

C'est pourquoi l'on peut reprocher à Descartes « de n'avoir pas assez appris... à se défier de son imagination, à n'interroger la nature que par des expériences, à ne croire qu'au calcul, à observer l'univers au lieu de le construire, à étudier l'homme au lieu de le deviner (2) ».

Il faut prendre garde de s'abandonner à l'imagination car, au lieu de découvrir des vérités, on forge nécessairement des systèmes ; et, ne pouvant appuyer son opinion sur des preuves, on essaye de la défendre par des subtilités (3).

Il n'y a qu'une véritable méthode scientifique : rassembler les faits pour les observer, les décrire avec méthode, classer les observations et saisir les résultats généraux qu'elles présentent (4).

Mais l'observation peut n'être pas toujours suffisante ; il peut être utile, sinon nécessaire, de recourir à des expériences, si les secrets de la nature nous échappent, et au calcul pour préciser certains résultats auxquels l'observation nous a conduits.

Observer ne consiste pas seulement à se contenter de regarder avec attention les détails qui frappent le regard dans l'objet soumis à notre observation ; c'est encore s'efforcer de découvrir les détails cachés, qui resteraient ignorés, si l'on ne prenait soin d'écarter, pour les apercevoir, certaines qualités qui les déroberaient à un observateur peu attentif.

(1) *Esquisse*, etc., VI, p. 168.
(2) *Ibid.*, VI, p. 169.
(3) *Ibid.*, VI, p. 62.
(4) *Ibid.*, VI, p. 83.

Observer c'est analyser.

« Depuis Hippocrate et Pythagore jusqu'à Locke et M. d'Alembert, on n'a fait aucune découverte que par l'analyse (1). »

L'analyse convient à l'étude de l'homme comme à celle de la nature : il faut « interroger le cœur de l'homme, *analyser* ses facultés et ses sentiments, pour y découvrir sa nature, l'origine, la règle et la sanction de ses devoirs (2) ».

On évitera ainsi « les erreurs produites par l'erreur plus générale de regarder comme l'homme de la nature, celui que peut offrir l'état actuel de la civilisation, c'est-à-dire l'homme corrompu par les préjugés, par les intérêts des passions factices, et par les habitudes sociales (3) ».

Les expériences qui rendent de si grands services aux sciences naturelles, sont malheureusement impossibles à pratiquer dans l'étude des sciences sociales, l'objet de ces études ne se prêtant pas à ce moyen de découvrir la vérité. Du moins faut-il connaître l'histoire pour apprendre, par l'expérience de ce qu'a pu produire l'application de telle ou telle théorie, ce qu'il convient d'éviter, et ce qu'il peut être bon de mettre en pratique.

Le calcul peut être, dans bien des cas, d'un grand secours pour la science économique : « L'économie politique, comme toutes les sciences, doit être soumise.... à la *précision du calcul* (4). »

(1) *Réflexions sur le commerce des blés*, Avertissement, XI, p. 106.
(2) *Esquisse*, etc., VI, pp. 156-157.
(3) *Ibid.*, etc., VI, p. 76.
(4) *Ibid.*, VI, p. 181.

L'application du calcul est nécessaire, en économie publique, pour les établissements « des rentes viagères, des tontines, des caisses d'accumulation et de secours, des chambres d'assurance de tout espèce »; elle est nécessaire encore à la partie de cette science, qui « embrasse la théorie des mesures, celle des monnaies, des banques, des opérations des finances, enfin celle des impositions, de leur répartition établie par la loi, de leur distribution réelle qui s'en écarte si souvent... (1) ».

« Combien les recherches, ajoute Condorcet, sur la durée de la vie des hommes, sur l'influence qu'exerce, sur cette durée, la différence des sexes, des températures, du climat, des professions, des gouvernements, des habitudes de la vie; sur la mortalité qui résulte des diverses maladies; sur les changements que la population éprouve; sur l'étendue de l'action des diverses causes qui produisent ces changements; sur la manière dont elle est distribuée dans chaque pays, suivant les âges, les sexes, les occupations, combien toutes ces recherches ne peuvent-elles pas être utiles à la connaissance physique de l'homme, à la médecine, à l'économie publique? (2) »

En principe, l' « art social » doit avoir recours au calcul toutes les fois qu'il est nécessaire d'atteindre à une « précision » dont certaines « vérités premières ne peuvent être susceptibles dans leur généralité absolue »; l'observation des faits, sans le secours du calcul, peut bien conduire parfois à des vérités générales; il est possible, par exemple,

(1) *Esquisse*, etc., VI, pp. 221-222.

(2) *Ibid.*, VI, p. 221. Cf. *Tableau général de la science qui a pour objet l'application du calcul aux sciences politiques et morales*, I, p. 552.

d'apprendre, par la seule observation, si l'effet produit par une telle cause, a été favorable ou contraire; mais « si ces faits n'ont pu être ni comptés, si pesés, si ces effets n'ont pu être soumis à une mesure exacte, alors on ne pourra connaître celle du bien ou du mal qui résulte de cette cause; et si l'un et l'autre se compensent avec quelque égalité; si la différence n'est pas très grande, on ne pourra même prononcer, avec certitude, de quel côté penche la balance. » C'est-à-dire que, sans l'application du calcul, souvent il serait impossible de choisir, avec quelque sûreté, « entre deux combinaisons formées pour obtenir le même but, lorsque les avantages qu'elles présentent ne frappent point par une disproportion évidente (1) ».

Comment, sans le secours du calcul, serait-il possible d'arriver à quelque précision dans les recherches sur la valeur et sur les prix? Non seulement le calcul est indispensable à l'étude de ces questions, mais encore, « la théorie des valeurs et des prix qui en expriment les rapports, en les réduisant à une mesure commune, doit servir de base à cette partie de la *mathématique sociale* qui a les choses pour objet », c'est-à-dire à l'économie politique (2).

Condorcet entend-il donc soumettre au calcul toutes les questions économiques? Bien loin de là; lui-même met en garde le comte Pierre Verri contre le danger que peut présenter la prétention de vouloir tout calculer; il est des idées économiques que l'on ne saurait ramener à des nombres abstraits : « la quantité de la marchandise universelle, celle d'une marchandise particulière, peuvent être rappor-

(1) *Esquisse*, etc., VI, p. 260.
(2) *Tableau général de la science*, etc., I. p. 558.

tées à des nombres ; mais l'envie d'acheter et celle de vendre ne sont susceptibles d'aucun calcul. »

« Je sais bien, dit encore Condorcet, que le prix d'une denrée augmente quand le nombre des acheteurs augmente, et qu'il diminue quand celui des vendeurs s'accroît, mais est-ce dans le même rapport ? C'est ce que je ne crois pas. Ainsi le langage géométrique, dans ce cas, et dans tous les autres de cette espèce, bien loin de conduire à des idées plus précises, me semble induire en erreur (1) ».

En résumé, Condorcet entend soumettre toutes les questions au contrôle de la *raison*, il a en horreur les opinions toutes faites ; en ce qui concerne les questions économiques, la *raison* a, comme instruments de contrôle et de recherche : l'observation, l'expérience et le calcul.

Une des premières choses qui devait frapper l'esprit observateur du disciple de Turgot, c'était l'évidente contradiction entre le respect des droits naturels de l'homme, base nécessaire de toute loi positive, d'une part, et le régime prohibitionniste encore en vigueur, d'autre part.

Nous allons voir que ce régime avait encore l'inconvénient d'être un obstacle au développement de la richesse nationale.

---

(1) *Lettre au comte Verri*, I, p. 284.

CHAPITRE II

Condorcet critique du mercantilisme et du prohibitionnisme

§ I. — IMPOTS INDIRECTS. — CORVÉES. — EDITS SOMPTUAIRES. — *a*) Impôts indirects : *leur improportionnalité et par suite leur injustice; frais considérables et inutiles qu'ils entraînent; leur répercussion fâcheuse sur l'agriculture, l'industrie et le commerce; exemples.* — *b*) Corvées. — *Impôt le plus vexatoire de tous, parce qu'il pèse sur ceux qui n'ont rien, sans leur être profitable par la suite, parce qu'il oblige les cultivateurs à travailler loin de chez eux... Réfutation des arguments à l'aide desquels on critique la suppression des corvées.* — *c*) Edits somptuaires : *Raison pour laquelle les mercantilistes cherchaient à réprimer le luxe; condamnation par Condorcet des lois somptuaires comme contraires au droit de propriété, comme arbitraires, comme nuisibles aux ouvriers qui gagnaient leur salaire en fabriquant les objets de luxe frappés de l'impôt, enfin comme inutiles. Seul moyen d'éviter le luxe : établissement de la plus grande égalité possible entre les fortunes.*

§ II. — MONOPOLES ET PRIVILÈGES. — *Définition du monopole; distinction entre le monopole de droit et le monopole de fait;* fermes du sel et du tabac : *leur injustice, leur influence néfaste sur le coût de la vie.* Privilèges exclusifs du commerce et des manufactures; *gênes et vexations qu'ils entraînent.* — Corps de marchands : *leur origine; abus qui s'introduisent dans cette institution, critique de Condorcet : atteinte au droit de disposer de ses bras, augmentation du coût de la vie.*

§ III. — DES PROHIBITIONS. *Necker et Condorcet. — Critique du fondement que Necker assigne aux lois prohibitives; les préjugés du peuple sur le commerce des grains; s'il est raisonnable de vouloir appuyer une législation sur ces préjugés; s'il est possible de détruire ces préjugés; les lois prohibitives dans leur rapport avec le droit de propriété; outre qu'elles sont injustes, les lois prohibitives nuisent aux propriétaires-cultivateurs, c'est-à-dire à la classe à la fois la plus laborieuse, la plus utile, et, en même temps, la plus intéressée à une bonne administration; examen de quelques règlements prohibitifs et de leurs inconvénients; d'une manière générale, les règlements sont un obstacle à la constance du commerce; — conclusion: nécessité de la liberté absolue du commerce.*

§ I. — IMPOTS INDIRECTS. — CORVÉES. — EDITS SOMPTUAIRES.

Nous allons étudier, dans ce chapitre, la politique économique de Condorcet sous son aspect négatif, nous disons la politique et non les théories, parce que Condorcet ne s'arrête pas à réfuter des principes qui lui paraissent insoutenables et définitivement condamnés.

Partisan de l'égalité et des droits naturels et fervent de l'agriculture si négligée par les mercantilistes, Condorcet entoure du même mépris tout ce qui peut contrarier l'égalité et la liberté et toute législation économique et fiscale susceptible de contrecarrer les progrès de l'agriculture.

C'est ainsi qu'il s'élève avec chaleur contre les impôts indirects et les corvées, contraires à l'égalité et aux intérêts agricoles; et contre les monopoles, les privilèges, et les prohibitions, qui sont un outrage à l'égalité et à la liberté naturelles, bref, contre « tout ce que l'esprit mercantile et la fureur de tout régler, pour tout opprimer, ont produit en Europe de vexations absurdes (1) ».

a) IMPOTS INDIRECTS. — Condorcet a eu très souvent l'occasion, dans nombre de ses ouvrages, de condamner les impôts indirects, mais il a spécialement traité de ce sujet dans son *Essai sur la Constitution et les fonctions des Assemblées Provinciales*, paru en 1788, et dans ses *Mémoires sur la fixation de l'impôt,* parus en 1790.

Tout impôt, pour être juste, doit être égal; pour être égal, il doit être proportionnel au produit net des terres; et on ne peut combiner aucun impôt indirect de manière qu'il soit proportionnel à ce produit; tous exigent, pour être perçus, des frais plus considérables dont il est injuste de surcharger les propriétaires. Enfin, on ne peut rendre productifs les impôts indirects qu'en portant atteinte aux droits des citoyens, par des prohibitions et par des vexations (2).

En principe, il faut donc détruire tous les impôts indirects; en fait, ainsi que nous le verrons tout à l'heure, il peut être utile d'en maintenir quelques-uns au moins provisoirement.

L'auteur de l'*Essai sur la Constitution et les fonctions des Assemblées Provinciales* examine quelques impôts indirects, s'efforçant de démontrer pour chacun d'eux, « par quelles propriétés il est payé, et suivant quelle proportion il pèse sur ces propriétés, comment on peut connaître la

(1) *De l'influence de la Révolution d'Amérique sur l'Europe*, VIII, pp. 40-41-42.

(2) *Essai sur la Constitution*, etc., VIII, pp. 339-340. Cf. *Idées sur le despotisme*, IX, p. 168.

partie qu'en paye une province ou un district, quels effets particuliers il produit sur la culture ou l'industrie, en quoi il peut être injuste, à quels droits des citoyens il porte une atteinte plus directe, enfin quels peuvent être les moyens particuliers de le changer en impôt direct (1) ». Il expose ensuite la méthode à suivre pour opérer une conversion absolue et totale de ces impôts.

Nous n'avons pas l'intention de le suivre dans tous ces développements ; nous allons simplement, à titre d'exemples, prendre deux ou trois des impôts ainsi examinés par lui, et voir « quels effets ils produisent sur la culture ou l'industrie », et « à quels droits des citoyens ils portent une atteinte plus directe ».

Le *droit de gros sur les vins* est contraire à l'égalité, et, par suite, à la justice, parce qu'il renferme des exemptions (les nobles et les ecclésiastiques en étaient exempts), parce qu'il est inégalement établi, enfin parce qu'il affecte une seule classe de propriétés.

Il a une influence néfaste sur la culture, parce que, produisant nécessairement une augmentation dans le prix du vin, il rend la culture de la vigne moins avantageuse et peut avoir pour effet, dans certains cas, « de dévouer à la stérilité ou à des cultures moins utiles, des terrains qui, si le droit n'existait pas, seraient mis en vignobles (2) ».

La *taxe établie pour avoir le droit d'exercer dans les villes soit un métier, soit un commerce,* est à la fois une violation de l'égalité, de la liberté, et du droit de propriété : de l'égalité, parce que, de ce fait même qu'elle constitue un

(1) *Essai sur les Assemblées provinciales,* VIII, p. 343.
(2) *Ibid.,* VIII, pp. 353-354-355.

impôt indirect, elle est nécessairement répartie avec inégalité; de la liberté, parce qu'elle assujettit à des formalités, à une condition arbitraire, l'usage que tout homme a le droit de faire de ses capitaux; du droit de propriété, parce que l'ouvrier qui n'a, pour subsister, que son travail, n'est point libre de faire de ses facultés personnelles l'usage qu'il trouve le plus avantageux pour lui; enfin, elle est « une atteinte à la liberté générale des citoyens auxquels elle enlève le droit d'employer aux travaux dont ils ont besoin ceux qu'ils veulent y employer, et qui y consentiraient librement ».

L'influence de cet impôt sur le commerce et sur l'industrie est désastreuse, parce qu'il éteint l'émulation, et qu'il perpétue les méthodes vicieuses et l'esprit de routine (1).

De même encore, *l'impôt sur les cuirs* est contraire à l'égalité, toujours pour cette raison qu'il ne saurait être réparti proportionnellement au produit net.

Il nuit considérablement à l'industrie des cuirs, parce qu'il entraîne la nécessité d'une marque, et que cette marque est l'occasion d'une foule de poursuites et de condamnations arbitraires; d'ailleurs, les visites des cuirs, pendant leur préparation, exposent les fabricants à la perte de leur temps comme à l'avarie de leurs denrées, et constituent, par suite, une grave atteinte à la liberté.

Nous ne voulons pas multiplier davantage les exemples (2); qu'il nous suffise de rappeler que Condorcet con-

(1) *Essai sur les Assemblées provinciales*, VIII, pp. 357 à 360. Cf. *Vie de Turgot*, V, p. 68.

(2) Pour les droits sur les ventes, sur les baux, sur les échanges, sur les actes passés entre les citoyens, Condorcet les condamne parce qu'ils ont sur l'agriculture et le bonheur public une influence « lente et funeste »; ils arrê-

damne, en principe, tous les impôts indirects; pourtant en fait, il est obligé d'apporter des tempéraments à ce principe, et il propose d'en maintenir quelques-uns, au moins pour un temps, tels que la capitation, un droit sur les actes, des droits sur les douanes extérieures, les entrées des villes, les postes, impôts qui sont, de tous ceux établis par l'ancien régime, le moins contraires au droit naturel et le moins vexatoires (1). Nous verrons, en étudiant l'impôt direct et proportionnel, les raisons qui empêchent l'établissement immédiat de cet impôt unique.

b) CORVÉES. La corvée royale s'ajouta au XVIIe, et surtout au XVIIIe siècle, à la corvée seigneuriale, dans le but de pourvoir à l'établissement et à la réparation des voies publiques, fort mal entretenues par les seigneurs (2).

Ce n'est donc pas, à proprement parler, une institution mercantile; mais elle cadre cependant très bien avec l'ensemble du système: le développement des échanges, en effet, nécessitait le développement des voies de communication; il était naturel que des hommes politiques, pour lesquels les manufactures étaient tout, et l'agriculture à peu près rien, recourussent, pour l'entretien et le perfectionnement des routes, à ce moyen bien simple, qui, sans rien coûter à l'industrie et au commerce, n'atteignait qu'une classe d'hommes à la fois le plus aptes à faire ces travaux

tent, en effet, le « mouvement des propriétés », et « tendent à en empêcher la division ou l'amélioration »; il les condamne encore, parce que la levée en est compliquée, ce qui est une cause de procès ruineux, et parce qu'ils nécessitent des formalités coûteuses. Cf. *Vie de Turgot*, V, p. 87.

(1) Cf. *Mémoire sur la fixation de l'impôt*, XI, pp. 460 et s.

(2) J. Brissaud. *Cours d'histoire générale du droit français public et privé*, T. I (Sources, Droit public), pp. 933-934.

et le plus désignés, d'après leur système, pour les accomplir.

Les intendants, auxquels une grande latitude était laissée, firent de la corvée le plus vexatoire des impôts.

Nuisible à l'agriculture pendant son exécution, puisqu'elle lui enlevait des bras, la corvée ne profitait même pas, par la suite, aux corvéables, dont le travail servait à mettre en communication les grandes villes, alors que les chemins vicinaux et ruraux demeuraient à peu près impraticables.

Aussi les physiocrates, et surtout Quesnay, Dupont de Nemours et Mirabeau, s'élevèrent-ils avec force contre les corvées. Turgot, intendant à Limoges, les rendit rachetables, et fit exécuter les travaux par des entrepreneurs, aux frais des paroisses; devenu ministre, il les remplaça par une imposition territoriale qui s'étendait à toutes les propriétés. C'est à cette occasion que Condorcet, ne pouvant retenir son admiration pour le grand ministre, son ami, publia son écrit *Sur l'abolition des corvées,* où il se fait l'interprète de la joie du peuple: « Bénissons, dit-il, le ministre bienfaisant qui nous délivre du double fléau des corvées et des exacteurs de corvées. Bénissons celui dont la main, en brisant le joug le plus odieux qui se soit jamais appesanti sur des hommes libres, nous fait trouver des ressources sur ces mêmes grands chemins si longtemps arrosés de nos larmes. Tel est, d'un bout du royaume à l'autre, le cri de ce peuple qui ne demande au gouvernement que de lui permettre de travailler, et de manger en paix le pain acheté par ses sueurs (1). »

Et Condorcet défend l'œuvre du ministre contre ceux

(1) *Sur l'abolition des corvées,* XI, p. 89.

qui la critiquent, se plaignant qu'il va falloir un impôt nouveau : cet impôt existait déjà ; la seule différence entre le régime inauguré par Turgot et celui qu'il a aboli consiste en ce que « l'impôt sera payé par ceux qui ont quelque chose, au lieu de l'être par ceux qui n'ont rien ; qu'il sera diminué de tout ce qu'y ajoutaient les pilleries et les vexations des préposés, des frais qu'il en coûtait aux corvoyeurs pour se transporter sur des ateliers éloignés » ; en ce que « les chemins, construits par des ouvriers bien payés, coûteront moins que lorsqu'ils l'étaient par des malheureux dont la misère avait épuisé les forces, et qui, ne gagnant rien pendant la corvée, n'avaient pas de quoi se nourrir et travaillaient mal » ; et il conclut que, « bien loin d'amener un impôt nouveau, l'abolition des corvées produit une diminution d'impôt (1) ».

Mais, dit-on, on rétablira les corvées, ou bien, dans un besoin réel ou imaginaire, le gouvernement détournera de sa destination l'impôt des chemins.

Condorcet répond que les corvées ne reparaîtront plus, que l'on en est délivré pour jamais, « aussi sûrement que de l'esclavage de la glèbe et de la scolastique » ; cette réponse n'en est pas une : étant donné l'état de la France à cette époque, il était bien à craindre que les privilégiés, très influents, n'obtinssent le rétablissement de la corvée, à laquelle ils ne trouvaient rien à reprocher, et qui présentait pour eux cet avantage de ne leur rien coûter, au moins en apparence.

Quant à détourner de sa destination l'impôt des chemins,

(1) *Sur l'abolition des corvées*, XI, pp. 90 et sq.

« il faudrait, non seulement que le gouvernement se livrât à des vues d'oppression, d'avidité, de prodigalité, mais encore qu'il eût perdu toute idée d'ordre ; qu'il comptât pour rien la richesse de l'Etat, le commerce, les manufactures et même la commodité des courtisans, des hommes riches ; il faudrait qu'il fût également corrompu et stupide. Or si l'état actuel des lumières en Europe, et surtout en France, n'est pas une ressource sûre contre la corruption des ministres à venir, il y a du moins un degré de stupidité et d'inertie qui ne peut plus être à craindre (1). »

Ce ne sont d'ailleurs là que des prétextes ; les véritables raisons sont : d'une part, que les riches habitants de Paris voient, dans la destruction des corvées, outre l'impôt à payer, le haussement des salaires pour les ouvriers de leurs terres ; ils ne réfléchissent pas que cette même destruction amènera « une amélioration de leurs terres, et, au premier bail, une augmentation de revenu supérieure à ce qu'ils peuvent perdre » ; d'autre part, que tous ceux qui s'enrichissaient aux dépens du peuple, voient avec désolation la destruction des abus, sentant bien que, sous un bon gouvernement, il n'y a point de fortune à espérer (2).

Quoi qu'il en soit, quoi que puissent penser les propriétaires et les habitants des villes, la destruction des corvées, contraires aux droits naturels et nuisibles à l'agriculture, s'imposait, et nous ne saurions mieux terminer cette étude des idées de Condorcet sur la corvée, que par la citation du passage où, dans la *Vie de Turgot*, il résume éloquemment toutes les critiques adressées par les physiocrates

(1) *Sur l'abolition des corvées*, XI, p. 92.
(2) Cf. *Lettre d'un laboureur de Picardie*, XI, pp. 33-34.

à cet impôt si cruel pour le peuple : « Des hommes qui n'ont que leur salaire pour vivre, condamnés à travailler sans salaire ; des familles qui ne subsistent que par le travail de leur chef, dévouées à la faim et à la misère ; les animaux nécessaires au labourage enlevés à leurs travaux, sans égard aux besoins particuliers des propriétaires, et souvent à ceux de toute la contrée ; enfin la forme absolue des ordres, la dureté des commandements, la rigueur des amendes et des exécutions, unissant la désolation à la misère et l'humiliation au malheur, — tel est le tableau des corvées. Et si on y ajoute que les chemins étaient faits à regret, et par des hommes auxquels l'art très peu compliqué qu'exige leur construction était absolument étranger ; que, sous prétexte de forcer le peuple à un travail plus suivi, on lui marquait ses ateliers à plusieurs lieues de son habitation ; que les reconstructions fréquentes de chemins, ou mal dirigés, ou faits avec de mauvais matériaux, étaient les suites nécessaires d'un système où l'on se croyait permis de prodiguer le travail, parce qu'il ne coûtait rien au trésor royal, et où l'ingénieur avait la facilité funeste de couvrir ses fautes aux dépens des sueurs et du sang des misérables, alors on ne pourra s'empêcher de voir dans la corvée une des servitudes les plus cruelles et un des impôts les plus onéreux auxquels un peuple puisse être condamné (1). »

c) Edits somptuaires. — La politique mercantiliste fit un grand usage des lois somptuaires : le luxe, en effet, qu'il s'alimentât à l'extérieur ou à l'intérieur, présentait pour elle un grave danger ; car, ou bien il faisait sortir l'or et

(1) *Vie de Turgot*, V, pp. 33-34.

l'argent du royaume, ou bien, diminuant les exportations, il diminuait la rentrée des métaux précieux, c'est-à-dire que le luxe était une cause d'amoindrissement de la richesse nationale.

Condorcet condamne tout impôt sur le luxe.

D'abord, cette sorte d'impôts est contraire au droit de propriété, qui consiste pour chacun dans le libre usage de ce qui lui appartient (1).

En second lieu, cet impôt est nécessairement arbitraire, car, « comme il est impossible de tracer une ligne qui marque exactement ce qui est véritablement luxe, comme on imagine bientôt d'autres genres de superfluités ou de recherches qui se soustraient à l'impôt, il est clair qu'il portera inégalement sur les divers objets de luxe. Or, d'après quels principes de justice une autorité quelconque pourra-t-elle imposer mon luxe, et ne pas imposer le luxe de mon voisin ? (2) »

De plus, cet impôt peut être nuisible en ce que, diminuant le genre de luxe sur lequel il tombe, il se trouvera par là même diminuer le salaire des ouvriers qui, à raison de leur habileté, gagnaient beaucoup au delà du nécessaire. Il est nuisible également, parce que, diminuant la consommation de la denrée employée à fabriquer l'objet de luxe visé par l'impôt, il atteindra les propriétaires des terrains qui produisent cette denrée (3).

Enfin, les lois somptuaires ne peuvent même pas attein-

(1) *Essai sur les Assemblées provinciales*, VIII, p. 390. Cf. *Notes sur Voltaire*, IV, pp. 463-464.

(2) *Essai sur les Assemblées provinciales*, VIII, p. 389.

(3) *Ibid.*, VIII, pp. 390-391.

dre le but qu'elles se proposent, qui est de décourager ou tout au moins de diminuer le luxe ; leur seul résultat sera de faire changer la forme du luxe et de remplacer souvent « un luxe qui, en favorisant l'industrie, est utile au pauvre, par un luxe qui n'encourage rien, qui ne sert à personne (1) ».

D'ailleurs, « l'histoire a prouvé que toutes les lois somptuaires des anciens et des modernes, ont été partout, après un temps très court, abolies, éludées et négligées ; la vanité inventera toujours plus de manières de se distinguer que les lois n'en pourront défendre (2) ».

Est-ce à dire que le luxe soit utile ou indifférent, et qu'il n'y ait rien à faire pour le supprimer ou tout au moins le diminuer ?

En soi, le luxe n'est pas une bonne chose (3) ; mais il est un effet inévitable de l'inégalité des fortunes ; c'est donc à celle-ci qu'il faut s'en prendre : « Le seul moyen permis d'attaquer le luxe par les lois, et en même temps le seul qui soit vraiment efficace, est de chercher à établir la plus grande égalité entre les fortunes, par le partage égal des successions, la destruction ou la restriction du droit de tester, la liberté de toute espèce de commerce et d'industrie (4). »

Donc, pas de lois somptuaires, qui risquent d'atteindre les propriétaires et les ouvriers, mais attaque directe de la

(1) *Essai sur les Assemblées provinciales*, VIII, p. 391.

(2) *Notes sur Voltaire*, IV, p. 464.

(3) Le luxe peut aussi présenter des inconvénients par la répercussion qu'il peut avoir sur la production agricole, par exemple, « s'il empêche d'employer à soutenir où à augmenter la culture une partie des sommes qui y seraient consacrées ». *Notes sur Voltafire*, IV, p. 405.

(4) *Notes sur Voltaire*, IV, p. 464. Cf. *Essai sur les Assemblées provinciales*, VIII, p. 391.

cause du luxe, l'inégale distribution des richesses : telle est, en résumé, la pensée de Condorcet sur cette matière (1).

§ II. — Monopoles et privilèges

Les monopoles et privilèges forment un des points les plus importants de la politique mercantiliste; Colbert et surtout ses successeurs en abusèrent; leur but était de favoriser le développement de certaines industries manufacturières; mais, vers la fin du XVIe siècle, la faveur vint corrompre cette institution, qui déjà, par elle-même, prêtait à la critique; aussi n'est-il pas étonnant de voir nombre de bons esprits s'élever, vers cette époque, contre l'octroi de privilèges et de monopoles devenus trop nombreux.

Condorcet, dans l'article *Monopole et monopoleur*, qu'il écrivit, en 1775, pour l'*Encyclopédie*, condense et résume, d'une façon à la fois très complète et très précise, les critiques de ses prédécesseurs et de ses contemporains.

Ainsi que cela convenait à un article de Dictionnaire, il commence, après avoir rappelé que *Monopole* est un substantif masculin et non féminin, par en donner la définition :

« On appelle monopole la vente exclusive d'une denrée faite, soit par un seul homme, soit par une compagnie. Et si, par des circonstances particulières, cette vente ne se fait

(1) Condorcet résume lui-même sa pensée dans sa *Vie de Turgot*: « C'est par des lois sages, qui tendent à diviser les propriétés, que le luxe doit être attaqué. Il naît des inégalités de fortune, et il en est la suite nécessaire. Les lois somptuaires sont injustes, nuisent à l'industrie; elles sont éludées, ou en assurant la durée des fortunes dans les familles, elles servent à maintenir cette inégalité dont les effets sont plus dangereux que ceux du luxe. » *Vie de Turgot*, V, p. 197.

que par une certaine classe d'hommes, ou même par un nombre de vendeurs plus petit qu'il n'aurait été dans le cas d'une circulation parfaitement libre, on peut dire, par extension, qu'il y a encore monopole (1). »

Cette définition, par sa seconde partie, embrasse un champ très étendu, et nous ne pensons pas trahir la pensée de son auteur en disant que, à son sens, tout monopole constitue un privilège, et tout privilège constitue une sorte de monopole ; les exemples qu'il donne pour éclairer sa définition, exemples que nous allons étudier avec lui, prouvent d'ailleurs que telle est bien la pensée de Condorcet.

Et d'abord il fait une distinction déjà en germe dans sa définition, entre le monopole de droit et le monopole de fait.

« J'appelle monopole de droit, dit-il, celui qui est établi par une loi (2). »

Sont, par suite, des monopoles de droit : la vente exclusive du sel et du tabac par les fermiers généraux, les privilèges exclusifs du commerce ou des manufactures, les corps de marchands, les maîtrises, etc.

C'est l'énumération même de Condorcet ; c'est aussi celle que nous allons suivre.

Fermes du tabac et du sel. — Les ventes exclusives au profit du gouvernement sont une espèce d'impôt indirect ; il faut qu'elles soient d'un bon rapport ; et, pour cela, quatre conditions doivent être réunies d'après Condorcet ; il faut : 1° Que la denrée puisse s'exploiter en grand ; 2° Qu'elle se conserve facilement ; 3° Qu'elle soit nécessaire

(1) *Monopole et monopoleur*, XI, p. 37.
(2) *Ibid.*, XI, p. 37.

au peuple; 4° Que le peuple en consomme beaucoup. « Par ce moyen, écrit-il, le produit de l'impôt est assuré, et le fardeau en tombe uniquement sur le peuple. Ainsi plus de crainte de soulever les grands et les riches, ni d'éprouver de refus de la part d'une assemblée d'états composée de gens considérables, trop peu éclairés pour savoir qu'on les appauvrit lorsqu'on opprime les mains qui cultivent leurs terres (1). »

Que le sel réunisse ces quatre conditions, cela n'a pas besoin d'être démontré; pour le tabac, au contraire, quelques explications sont nécessaires: on voit bien, en effet, qu'il est susceptible d'être exploité en grand, et l'on sait qu'il se conserve facilement; mais il n'apparaît peut-être pas à tous les yeux que le peuple en consomme nécessairement beaucoup.

C'est que, s'il convient de distinguer entre les besoins réels et les besoins factices, les premiers découlant de la nature de l'homme, les seconds ayant leur origine dans l'habitude, il ne faut cependant pas en conclure que la satisfaction des besoins factices soit beaucoup moins impérieuse que celle des besoins réels. L'habitude une fois née, il est souvent très difficile, pour quelques-uns même il est impossible de s'en défaire. Toutefois, il est bon d'être prudent pour l'établissement d'un impôt sur une denrée qui répond à un besoin factice; il est bon de ne pas d'abord vendre la denrée à un prix trop exorbitant, « de crainte que par humeur une partie du public n'en abandonne l'usage; mais il faut augmenter le prix graduellement et resserrer à me-

(1) *Monopole et monopoleur*, XI, p. 38.

sure la sévérité des prohibitions. C'est ainsi que l'impôt du tabac a été établi en France (1). »

Si l'on veut connaître les inconvénients de cet impôt, il suffit de rechercher par qui il est payé. Or, « il l'est d'abord par ceux des propriétaires qui prennent du tabac, et c'est pour eux un impôt particulier; et cet impôt est injuste parce que le goût du tabac n'est pas un délit qu'il faille punir par une amende; il est payé ensuite par la masse des propriétaires: en effet, si l'usage du tabac augmente la dépense d'un grand nombre d'hommes, il empêche la concurrence de faire baisser les salaires au point où ils baisseraient. L'impôt sur le tabac augmente la valeur en argent nécessaire pour se procurer une existence égale; c'est donc en général toutes les sources de revenu qui en sont affectées, et c'est encore un impôt... inégalement réparti (2). »

En résumé, deux reproches principaux peuvent être faits au monopole du tabac: il est injuste, et il augmente le coût de la vie.

La gabelle est encore plus odieuse: en effet, si le tabac est devenu nécessaire à un grand nombre d'hommes, le sel consittue une denrée de première nécessité pour tout le monde, hommes, femmes et enfants; bien mieux, « il est reconnu que le sel est presque nécessaire aux bestiaux, qu'il en favorise l'engrais, qu'il les fortifie, qu'il les défend contre les effets de l'intempérie des saisons, contre celui des mauvaises nourritures; il est reconnu qu'il serait pour certaines cultures un engrais utile (3). » C'est donc un impôt

(1) *Monopole et monopoleur*, XI, p. 40.
(2) *Essai sur les Assemblées provinciales*, VIII, p. 376.
(3) *Ibid.*, VIII, pp. 379-380.

beaucoup plus onéreux qu celui du tabac; « il coûte immédiatement au pauvre autant qu'au riche, et coûte d'autant plus au pauvre que sa famille est plus nombreuse, et son indigence plus grande »; pour que cet impôt fût productif, « il a fallu former un code de lois sur lesquelles la pensée ne peut s'arrêter sans horreur... ; il a fallu souiller et altérer cette denrée si coûteuse, pour avoir des signes qui fissent reconnaître le dépôt où elle avait été achetée, forcer ici les citoyens à se servir de sel gris souillé de terre et d'ordure, là les obliger à n'avoir qu'un sel privé des qualités qui sont nécessaires pour les usages auxquels on voudrait l'employer (1) ».

Si l'on recherche sur qui tombe cet impôt, on verra d'abord que le propriétaire et le cultivateur payent non seulement le sel qu'ils consomment personnellement, mais encore le sel consommé par les gens qu'ils emploient; ensuite, que la partie de cet impôt, payée par les autres sources de revenu ou de salaires annuels, retombe en fin de compte sur les propriétés dont ils émanent.

Les impôts du sel et du tabac sont, de tous les impôts indirects, ceux qu'il convient de remplacer les premiers parce que, outre les vexations sans nombre auxquelles leur levée donne lieu, outre leur manque de proportionnalité, ils pèsent plus particulièrement sur les classes pauvres et entraînent une augmentation sensible du coût de la vie.

Privilèges exclusifs du commerce et des manufactures. — Ces privilèges ont le bien public pour prétexte; c'est ainsi, par exemple, que l'on accorde un privilège exclusif à l'in-

(1) *Essai sur les Assemblées provinciales*, VIII, pp. 378-379.

venteur d'une machine, pour exciter l'émulation et récompenser le génie ; à une manufacture ou nouvelle ou coûteuse pour qu'elle puisse s'établir ou se soutenir (1).

Mais « la protection accordée à un genre particulier de commerce nuit au commerce en général... ; tout privilège pour acheter, pour vendre, pour manufacturer, loin d'animer l'industrie, la change en esprit d'intrigue dans les privilégiés, et l'étouffe dans les autres » ; d'une manière générale, toutes les lois, « nées d'un esprit de machiavélisme qui s'est introduit dans la législation du commerce comme dans les entreprises de la politique, produisent des gênes, des vexations, des dépenses réelles, qui les rendraient nuisibles, quand même elles produiraient le bien qu'on en attend, au lieu de produire l'effet opposé (2) ».

Il y a une part de vrai dans ces critiques de Condorcet ; il est certain que l'abus des privilèges, entraînant comme conséquence l'abus des réglementations, devînt cause des nombreuses gênes et vexations qui aboutirent à la réaction antimercantiliste ; mais il n'est pas exact de prétendre que le progrès du commerce et des manufactures n'a toujours été que le prétexte des contrats portant octroi de privilèges : les ministres qui pratiquèrent ces contrats, et en particulier Colbert, la « bête noire » de Condorcet, n'avaient pas

(1) *Monopole et monopoleur*, XI, p. 41. Cf. *Notes sur Voltaire*, IV, p. 381.

(2) *Vie de Turgot*, V, p. 27. Cf. *Essai sur les Assemblées provinciales*, VIII, p. 270, où Condorcet conclut que « le seul véritable encouragement de l'agriculture, de l'industrie et du commerce, est la destruction de toutes les gênes, l'abrogation de toutes les lois prohibitives, une administration d'impôts qui cesse de mettre à leurs progrès des obstacles invincibles, enfin une manière d'administrer qui ne leur enlève point des capitaux que, dans l'ordre naturel, l'intérêt particulier de ceux qui les ont amassés destinerait à ces emplois. »

seulement des intentions louables en agissant ainsi ; les faits eux-mêmes répondirent, au moins partiellement, à leurs intentions, en ce sens que bien des manufactures ne seraient pas nées ou du moins n'auraient pas atteint le développement, auquel elles étaient parvenues, sans l'appui du gouvernement ; la vérité, c'est que, petit à petit, des abus de plus en plus nombreux, surtout après Colbert, vinrent corrompre une politique qui avait eu sa raison d'être, que de nombreux privilèges furent accordés à la faveur, au lieu de l'être au développement de l'industrie, que, par suite, l'on créa des privilèges inutiles ou même nuisibles, alors qu'une politique saine aurait plutôt détruit certains privilèges anciens qui n'avaient plus de raison d'être maintenus.

En somme, Condorcet n'a vu que les inconvénients sans nombre résultant de l'excès des privilèges, inconvénients qui, en effet, depuis une cinquantaine d'années, étaient seuls à paraître ; il avait raison pour son époque, il exagérait pour l'époque de Colbert.

Corporations. — Les corporations, cela n'est pas niable, constituaient un réel progrès sur le travail servile ; elles s'expliquent à la fois historiquement et économiquement : historiquement, parce qu'elles furent l'aboutissement des anciens métiers, groupes de travailleurs au service d'un seigneur ; économiquement, parce qu'il était naturel que, souffrant des mêmes maux, les membres de chaque métier s'associassent pour défendre leurs intérêts ; c'était une institution non seulement utile, mais même nécessaire, étant donné l'état social de l'ancien régime. Malheureusement, à cette époque de monopoles, les corporations ne tardèrent pas à avoir elles aussi leurs privilèges; et, d'institutions de protection pour l'individu qu'elles auraient dû être et qu'elles avaient été en principe, elles devinrent « des établissements d'utilité publique, une organisation du travail par l'Etat, une forme du socialisme d'Etat (1) ».

Chaque corporation a le monopole de l'industrie qu'elle professe; l'ouvrier étranger à la ville, l'artisan isolé ne peuvent exercer aucun métier; en compensation du monopole, une réglementation étroite, ayant pour but principal d'assurer la bonne qualité des marchandises, régit les membres de la corporation. Le résultat pratique fut ce qu'il devait être: esprit d'invention découragé, pas de bon marché, chicanes et procès sans fin entre métiers voisins, tyrannie du corps sur les membres; aussi, nul doute qu'elles n'eussent été abolies plus tôt sans les ressources qu'elles procuraient au trésor.

Les critiques des philosophes et des économistes contre cette institution sont donc amplement justifiées par les abus auxquels elle donna lieu.

Condorcet les résume en quelques lignes dans sa *Vie de Turgot;* il y en a deux principales: les corporations sont d'abord une atteinte au droit de disposer de ses bras et de son travail, « l'un des premiers que nous ait donné la nature, et qu'on peut regarder comme une suite nécessaire de celui d'exister et de vivre »; en second lieu, le monopole des corporations entraînait pour le peuple, pour tous les citoyens, une augmentation des prix « du pain, de la viande, de toutes les denrées, de toutes les productions des arts ».

(1) J. Brissaud, *op. cit.*, p. 750.

C'est pourquoi Condorcet loue Turgot d'avoir brisé les chaînes du peuple des villes, « pour achever de faire jouir toutes les classes de citoyens utiles de l'aurore d'un nouvel ordre, fondé sur la bienfaisance et la justice (1).

Monopoles de fait. — Les fermes du sel et du tabac, les privilèges exclusifs du commerce et des manufactures, les corporations sont des monopoles de droit ; pour faire disparaître ces monopoles, « le gouvernement n'a qu'à le vouloir (2) ».

Mais, à côté des monopoles de droit, il existe aussi des monopoles de fait, qui ont lieu « lorsque les préjugés ou des manœuvres sourdes diminuent le nombre des vendeurs, nuisent à la facilité du commerce, et par conséquent le prix augmente (3) ». Parmi les causes des monopoles de fait, « il y en a qui tiennent à l'opinion, et qu'il n'est pas si aisé de détruire, d'autant plus que ce n'est pas de l'opinion des gens sensés qu'il s'agit ici, mais de celle du peuple (4) ».

« Les achats faits par le gouvernement, dont tout particulier redoute avec raison la concurrence, l'opinion qui flétrit les marchands de blé, la crainte des émeutes, celle des vexations de la part des magistrats subalternes, sont au-

(1) *Vie de Turgot*, V, pp. 67-68. Condorcet avait d'ailleurs l'esprit de corps en horreur : « L'esprit de corps, dit-il, est plus dangereux que l'intérêt personnel, parce qu'il agit à la fois sur plus de personnes, qu'il n'est jamais retenu par un sentiment de pudeur ou par la crainte du blâme, qu'on cesse de redouter dès qu'il est partagé; parce qu'enfin l'intérêt personnel d'un grand nombre d'hommes isolés ne peut être contraire à l'intérêt général que dans des circonstances rares et passagères. » *Vie de Turgot*, V, p. 114. Cf. *Essai sur les Assemblées provinciales*, VIII, pp. 415 et sq.

(2) *Monopole et monopoleur*, XI, p. 43.

(3) *Ibid.*, XI, p. 42.

(4) *Ibid.*, XI, p. 43.

tant de causes qui introduisent dans le même commerce un monopole de fait (1). »

Condorcet prend comme exemple le commerce des grains ; nous ne le suivrons pas ici, car nous allons retrouver cet exemple dans le paragraphe suivant, à propos des prohibitions.

Nous nous contenterons seulement, en manière de conclusion, de citer un passage de Condorcet, où l'on découvrira toute sa pensée sur ce sujet, particulièrement en ce qui concerne les causes des monopoles de fait et les remèdes qu'il convient d'apporter à ce mal.

« Dans tout commerce qui a pour objet une denrée de grande consommation, écrit-il (et heureusement toutes les denrées de nécessité première sont dans ce cas), il n'y a pas de monopole à craindre, si la liberté est entière ; les seules causes qui puissent produire le monopole sont : ou de mauvaises lois, ou une mauvaise administration, ou des préjugés ; pour y remédier, il faut se corriger et s'éclairer ; il n'y a point proprement de monopoleurs, parce que le monopole est l'ouvrage du gouvernement et du peuple, et non des marchands ; les seuls coupables seraient ceux qui, par des manœuvres, contribueraient à augmenter les effets funestes de l'erreur ou de la mauvaise administration ; ces manœuvres sont trop difficiles à constater d'une manière claire, pour qu'on puisse, sans tyrannie, en faire l'objet d'une loi pénale ; la punition de ceux qu'on en jugerait coupables ne ferait que du mal par la terreur qu'elle inspirerait aux marchands ; et ainsi, au lieu de lois contre les

(1) *Monopole et monopoleur*, XI, pp. 42-43.

marchands qui peuvent abuser de la sottise du peuple et de ses chefs, il en faudrait qui punissent les attentats contre la liberté; il en faudrait surtout contre l'abus que les magistrats chargés de la police font de leur autorité; eux seuls sont les véritables monopoleurs. »

En résumé, tous les monopoles doivent être condamnés; la suppression des monopoles de droit est facile; il suffit pour cela d'un acte de volonté de la part du gouvernement; celle des monopoles de fait demandera un temps plus long, parce que ces derniers ne sont pas seulement l'œuvre des lois, mais aussi celle de la sottise et des préjugés du peuple qu'il n'est pas aisé de détruire en un jour; de bonnes lois, protégeant la liberté au lieu de l'entraver, ne suffiraient donc pas; il faut, pour que ces lois produisent tout leur effet, instruire et éclairer le peuple sur ses véritables intérêts.

§ III. — Des prohibitions

Condorcet a spécialement traité des prohibitions dans sa *Lettre d'un laboureur de Picardie à M. N***, auteur prohibitif*, et dans la seconde partie de ses *Réflexions sur le commerce des blés*.

Ces deux publications sont en quelque sorte ses premières manifestations économiques.

Ce terme « manifestations » nous semble particulièrement convenir à des œuvres parues en pleine guerre des farines, alors que Turgot était ministre et que Necker venait de publier son ouvrage sur la *Législation et le commerce des grains*, qui eut un immense succès; en prenant Necker à partie, Condorcet se trouvait par là même faciliter la tâche de Turgot; célèbre jusqu'alors comme mathématicien, comme philosophe, et comme académicien, il se fit connaître comme économiste, et mérita comme tel les compliments de Voltaire qui lui écrivait en 1775: « Ah! la bonne chose, la raisonnable chose et même la jolie chose que la *Lettre au prohibitif*. Cela doit ramener tous les esprits, pour peu qu'il y ait encore à Paris du bons sens et du bon goût. » Il faut croire que cela ne ramena pas tous les esprits, car, au dire du docteur Robinet, la publication des *Réflexions sur le commerce des blés* fut amenée par le peu d'effet qu'eut sur le public lui-même la *Lettre d'un laboureur de Picardie* (1).

Quoi qu'il en soit, la *Lettre* est surtout un vigoureux pamphlet, tandis que les *Réflexions* constituent une réfutation plus détaillée, plus complète et surtout plus méthodique de l'ouvrage du célèbre banquier Gènevois.

Si Condorcet a assumé la tâche de composer ces deux écrits pour réfuter la *Législation et le commerce des grains*, ce n'est pas qu'il attribuât une grande valeur à cet ouvrage; mais il était bien forcé de constater le grand succès obtenu, succès qui l'irritait et qui était dû surtout à ce qu'il flattait les préjugés populaires; il faut bien tâcher de ramener l'opinion égarée, chercher à éclairer le peuple sur ses véritables intérêts, rappeler le principe du respect que tout gouvernement doit avoir pour les droits naturels de l'homme: quelle meilleure occasion pourrait se présenter? Aucune œuvre pourrait-elle être plus facile à réfuter que

(1) Dr Robinet, *Condorcet, sa vie, son œuvre*, p. 42.

celle d'un homme qui n'a même pas pris la peine de s'instruire avec soin des détails de la campagne, et qui, ignorant de la plupart des faits, est obligé de reourir à des hypothèses fausses (1)? Les idées de Necker n'ont même pas le mérite d'être originales; elles ne sont que la reproduction de celles que l'abbé Galiani avait exposées dans ses *Dialogues sur le commerce des blés*, si bien que Condorcet résume son appréciation sur le livre de Necker en écrivant qu'il n'est « autre chose que les *Dialogues* dont il a supprimé les contes pour rire et les bonnes plaisanteries, auxquels il a su donner un air de méthode, et qu'il a revêtus d'un style plus grave, plus pompeux. Son ouvrage ressemble à cette statue grecque, élégante et svelte, qu'un empereur romain fit dorer et qui perdit toutes ses grâces (2) ».

Condorcet n'est pas tendre pour Necker; sa *Lettre au prohibitif* est l'expression à la fois de son indignation contre un homme qui cherche à entretenir des préjugés funestes à la nation et au peuple, et de mépris contre celui qui veut exposer des questions qu'il ignore.

Son indignation et en même temps la facilité de la tâche devaient l'inciter à prendre la plume pour relever les erreurs des « prohibitifs » et combattre les préjugés populaires, il n'a nullement la prétention de faire une œuvre difficile; lui-même dit que la seule question un peu ardue qu'il ait à discuter est celle des préjugés du peuple sur le commerce des blés et cela, parce que « ce n'est plus sur la nature des choses, ni sur la volonté de l'homme conduit par la raison, ou fidèle à la voix de ses vrais intérêts, qu'il faut

(1) *Lettre d'un laboureur de Picardie*, XI, p. 19.
(2) *Réflexions sur le commerce des blés*, XI, p. 227 note.

raisonner ici », mais « sur la fantaisie d'une multitude ignorante, effrayée, et que, sous une administration éclairée et vertueuse, tous les ennemis du bien public ont intérêt de séduire (1). »

Donc l'ouvrage de Necker n'a pas en lui-même une grande valeur; sa principale et presque sa seule qualité consiste dans la méthode suivie par l'auteur (2); mais le grand succès qu'il a obtenu mérite une réfutation.

Condorcet a su faire cette réfutation à la fois courte et suffisamment complète, claire et précise; nous ne suivrons pas la marche adoptée par Condorcet, nous préférons, afin d'être plus bref tout en restant clair, classer ses critiques par ordre d'importance, en commençant par celle du fondement des lois prohibitives pour terminer par l'examen rapide de quelques-unes de ces lois.

Fondement des lois prohibitives. — Dans la *Lettre au prohibitif*, Condorcet résume en quelques lignes ironiques ce qu'il croit être, d'après le livre de Necker, le fondement des lois prohibitives : « Oh ! direz-vous (n'oublions pas qu'il écrit à Necker), c'est que le peuple est une espèce d'animal très patient, mais qui, au moindre bruit de cherté, devient furieux : le seul mot de prohibition, de loi contre les marchands de blé, lui rend la raison et le calme. Voilà le véritable fondement des lois prohibitives : car, après tout, on doit respecter la faiblesse de ce pauvre peuple, qui est dis-

(1) *Réflexions sur le commerce des blés*, XI, p. 197.

(2) Cf. *Lettre d'un laboureur*, etc., XI, p. 4. — C'est ce que reconnaît Condorcet dans sa *Lettre au prohibitif*, quand il écrit : « En parcourant la table de votre livre, je ne me sentais pas de joie. Tout ce que nous avons jamais désiré de savoir se trouve réuni dans cet ouvrage; mais je fus bien trompé, lorsqu'en le lisant à mes enfants, je vis que ni eux ni moi, nous ne pouvions en entendre une page. »

posé à tout souffrir, pourvu qu'on songe à lui donner du pain. S'il n'avait pas de préjugé contre la liberté, ce système en vaudrait bien un autre; mais les préjugés du peuple sur cet objet sont absolument incurables... (1) »

Ce résumé de la pensée de Necker n'est pas très exact; Condorcet semble dire que Necker trouverait le système de la liberté à la rigueur applicable si le peuple n'avait pas de préjugé contre ce système; nulle part, l'auteur de l'*Essai sur la législation et le commerce des blés* n'a écrit une ligne qui puisse autoriser à penser que, n'étaient les préjugés du peuple, il accepterait peut-être le régime de la liberté. La vérité est un peu différente: en tout état de cause et quelles que soient les passions du peuple, Necker est partisan des lois prohibitives; mais il constate, on pourrait presque dire avec satisfaction, que ces mêmes lois prohibitives, dont la suite de ses raisonnements lui a montré la nécessité, sont réclamées en outre par la masse: « La libre exportation des grains fût-elle aussi favorable à la prospérité publique *que je l'y crois contraire,* comment pourrait-on maintenir une loi qui l'autoriserait constamment? Comment pourrait-on y soumettre les passions du peuple? Le pain qui le nourrit, la religion qui le console, voilà ses seules idées: elles seront toujours aussi simples que sa nature; la prospérité de l'Etat, les siècles, la génération suivante, sont des mots qui ne peuvent le frapper; il ne tient à la Société que par ses peines, et de tout cet espace immense qu'on appelle l'avenir, il n'aperçoit jamais que le lendemain, il est privé par sa misère d'un intérêt plus éloigné.

(1) *Lettre d'un laboureur*, etc., XI, p. 8.

« Ainsi, lorsqu'il verra le prix des grains monter et rendre sa subsistance incertaine, comment ne s'élèverait-il pas contre l'exportation, ou contre toute la politique à laquelle il imputerait son malheur et son inquiétude ! Du sein du travail et de l'indigence, il supporte tranquillement le spectacle de l'oisiveté, de l'abondance et du bonheur apparent des riches ; il s'habitue à les envisager comme des êtres d'une nature différente ; leur pompe et leur grandeur sont une sorte de magie qui lui en impose : mais lorsqu'une alarme bien ou mal fondée sur les moyens d'atteindre à sa subsistance s'empare de lui, comme cette inquiétude frappe le seul sentiment auquel il est accoutumé, toute son énergie se réveille ; et ce peuple enfant, qu'on promène avec des lisières au milieu de l'inégalité des propriétés et à travers mille objets de privation et d'envie, n'est plus qu'un lion qui rugit, quand il craint pour son nécessaire. « Ici, j'entends dire que les principes de la justice sont inaltérables, qu'on ne doit jamais les soumettre aux passions des hommes, et que si le peuple n'entend pas raison, il faut l'y amener par la force.

« Mais qu'est-ce que la force, quand elle veut heurter un sentiment général ? Dès cet instant, elle n'est plus la force ; toute erreur d'ailleurs qui tient à la nature humaine doit être traitée comme une raison.

« Quel principe ! dira-t-on. *Ainsi les préjugés du peuple feraient la loi ! Sans doute, ils la feront toutes les fois que ces préjugés seront inhérents à sa nature...* (1) »

Le passage est un peu long ; nous avons tenu néanmoins

(1) *Collection des principaux économistes Guillaumin*, T. XVI. *Economie politique*, T. II, pp. 265-266.

à le citer en entier, d'abord parce que les idées qu'il exprime sont d'une audacieuse originalité, en second lieu parce qu'il est tiré d'un chapitre (1) qui a particulièrement retenu l'attention de Condorcet, toujours prêt à batailler contre les préjugés pour la vérité; il est facile d'imaginer l'indignation qu'a dû éprouver un être sensible comme il l'était, dont le point le plus important de la politique était de détruire l'erreur et de répandre les lumières, quand il a lu, écrit par un auteur réputé, que « toute erreur, qui tient à la nature humaine, doit être traitée comme une raison », et que « les préjugés feront la loi toutes les fois qu'ils seront inhérents à la nature humaine ».

Aussi peut-on s'expliquer que Condorcet, dans sa préoccupation de réfuter une erreur qu'il considérait comme particulièrement nuisible et aux individus et à la société, ait oublié les lignes par lesquelles débutait Necker: « La libre exportation des grains fût-elle aussi favorable à la prospérité publique *que je l'y crois contraire* », pour lui prêter la réponse suivante: « Si le peuple n'avait pas de préjugé contre la liberté, ce système en vaudrait bien un autre ». Jamais l'auteur de l'*Essai sur la législation et le commerce des grains* n'a écrit quoi que ce soit qui puisse permettre de dire que telle ait été sa pensée.

Les vingt-trois chapitres qui précèdent celui que Condorcet s'est spécialement attaché à réfuter prouvent, au contraire, que, en dehors des préjugés du peuple, Necker attribue d'autres fondements aux lois prohibitives.

(1) Le chapitre d'où est tiré ce passage est intitulé : *La question de la liberté d'exportation des grains examinée dans son rapport avec la nature humaine.*

Si, dans le chapitre sur lequel nous nous sommes arrêté, il examine la question de la liberté du commerce des grains « dans son rapport avec la nature humaine », il a d'abord commencé par étudier cette question « dans son rapport avec la prospérité de l'Etat », et, sous quelque rapport qu'il la considère, il arrive à la même conclusion : la nécessité des prohibitions.

Bien que Condorcet ne se soit guère arrêté qu'à la réfutation de la liberté envisagée sous le second de ces points de vue, nous croyons devoir, dans l'intérêt même de la vérité, résumer l'idée que Necker se faisait de la même question dans son rapport avec la prospérité de l'Etat.

Pour lui, la prospérité d'un Etat dépend de la réunion du bonheur et de la force, le bonheur résultant surtout de l'accumulation des richesses, la force consistant dans le chiffre de la population ; Necker fait ici consister la richesse dans l'abondance de l'or et de l'argent. Mais la population a une plus grande importance que la richesse ; c'est pourquoi, si le gouvernement doit s'efforcer d'accroître les métaux précieux dans l'intérieur de la nation, il doit bien prendre soin d'éviter, pour arriver à ce but, toute mesure susceptible de nuire à la population, l'entretien de celle-ci devant être son premier souci : par exemple, comme les subsistances sont nécessaires à la population, il faut s'abstenir d'échanger des subsistances contre de l'argent et, à plus forte raison, contre des produits de manufactures ; le seul commerce, véritablement utile au bonheur de la nation, est celui des produits manufacturés échangés contre des métaux précieux ; « c'est là le véritable commerce d'un Etat dans sa perfection et le seul qui entretienne sa prospérité en accroissant, à la fois, sa population et sa richesse (1). »

L'exportation des blés doit être prohibée, pour que les producteurs et les marchands de blé soient contraints, par la restriction des débouchés, à réduire au taux le plus bas le prix de leurs denrées.

Le bas prix du blé présente, en effet, le double avantage de permettre à la population de se développer et de réduire le prix de la main-d'œuvre et, par suite, celui des objets manufacturés; ceux-ci, grâce à leur bon marché, seront davantage demandés, ce qui favorisera l'entrée dans le pays d'une forte quantité d'or et d'argent, c'est-à-dire de richesses.

Tel est le système économique de Necker; c'est, ainsi que le constate M. de Molinari, le système mercantile avec quelques variantes.

En somme, pour Necker, la nécessité d'accroître la richesse et la population d'un Etat s'accorde avec la nécessité de respecter les préjugés du peuple relatifs aux subsistances, pour exiger l'établissement ou le maintien des lois prohibitives. Le fondement de ces dernières est donc double; et c'est le tort de Condorcet de l'avoir méconnu.

Quoi qu'il en soit, si la réfutation n'est pas complète, puisqu'elle néglige un côté de la question, elle présente du moins le mérite d'être plus concluante que l'affirmation qu'elle contredit, et cela parce qu'elle tient davantage compte des faits; Condorcet, en effet, est meilleur observateur que Necker, dont la profondeur de vues et la perspicacité n'étaient pas les qualités dominantes; si ce dernier

(1) *Collection des principaux économistes Guillaumin*, T. XVI, p. 225.

a commis bien des erreurs, c'est pour avoir mal observé ou pour n'avoir pas observé du tout.

Quand Condorcet se trouve en présence d'un fait, il ne le nie pas; il en recherche les causes et, si ce fait est nuisible, il examine s'il est possible de le détruire en faisant disparaître ses causes ou en employant d'autres remèdes.

Ainsi fait-il pour les préjugés du peuple sur le commerce des blés; il commence par reconnaître ces préjugés; puis, pour en découvrir leur origine et les moyens de les détruire, il distingue entre les préjugés du peuple proprement dit et les préjugés de ceux « qui ne croient pas être peuple », cette dernière dénomination s'appliquant aux auteurs prohibitifs et aux hommes chargés de l'administration.

Pour le peuple comme pour les partisans des prohibitions, les préjugés ont une cause commune: la peur; mais, tandis que pour les uns, cette peur est « machinale », pour les autres, elle est « réfléchie ».

La terreur du peuple est « presque toujours l'effet, tantôt du spectacle des approvisionnements faits par le gouvernement, de ses précautions, des actes de violence qu'il croit nécessaires, tantôt de la vue des inquiétudes que des administrateurs subalternes n'avaient pas la prudence de cacher au peuple, tantôt enfin des manœuvres des méchants (1) ».

Comment peut-on trouver étonnant qu'un tel préjugé ait pris en quelque sorte racine dans le peuple, quand on l'a accoutumé à vivre sous des lois prohibitives, quand il a comme contracté l'habitude de recevoir sa subsistance, dans les cas difficiles, du gouvernement?

(1) *Réflexions sur le commerce des blés*, XI, p. 211.

Celui-ci, par sa conduite, n'a que trop fortifié ce penchant naturel qu'a tout acheteur de regarder les marchands de blé « comme ses ennemis, comme des fripons qui sont la cause de la cherté »; d'ailleurs, il faut bien l'avouer, « le commerce du blé n'a presque jamais été fait que par des meuniers ou des boulangers, qui, grâce aux banalités et aux corporations, vexent le peuple et lui sont justement odieux; que par des hommes chargés soit par le gouvernement, soit par les corps, de faire des approvisionnements; que par des négociants accrédités qui avaient obtenu des permissions particulières, ou par de véritables monopoleurs, qui réunissaient presque tout le commerce en un petit nombre de mains, et dont l'intervention, souvent accompagnée de manœuvre ou d'abus d'autorité, nuisait plutôt qu'elle ne servait à la distribution des subsistances (1). »

Le préjugé du peuple contre les marchands de blé n'est donc que trop facile à expliquer.

Mais ce préjugé est-il si profondément ancré dans l'esprit du peuple qu'il soit impossible de l'en arracher?

Necker l'affirme: à son avis, l'inégalité des fortunes est un obstacle à l'instruction pour tous les hommes nés sans propriétés; d'où il suit que la rudesse, l'aveuglement du peuple et son ignorance, tenant aux lois sociales, ne changeront jamais (2).

Bien entendu, l'auteur de l'*Esquisse d'un Tableau des progrès de l'Esprit humain* s'inscrit en faux contre cette affirmation pessimiste.

« Pourquoi, répond Condorcet, l'habitude qui a persuadé

(1) *Réflexions sur le commerce des blés*, XI, p. 200. Cf. *Monopole et monopoleur*, XI, p. 43.

(2) *Collection des principaux économistes Guillaumin*, XVI, p. 267.

aux hommes tant de sottises, perdrait-elle toute sa force quand elle agit en faveur de la vérité ? (1) »

« Le peuple n'est imbécile que parce qu'on s'est plu longtemps à l'abrutir, il n'est injuste que parce qu'il a été longtemps le jouet des oppresseurs (2). »

Il faut donc l'éclairer, non seulement en répandant les lumières, ce qui serait inefficace pour le plus grand nombre, l'intelligence du peuple étant trop peu ouverte ; mais surtout en lui donnant *l'habitude* de la justice et de la vérité.

Il faut que le gouvernement assure, « par des mesures sages et fermes », l'entière exécution des lois justes et bienfaisantes ; qu'il punisse « les scélérats qui ont profité des préjugés du peuple pour le rendre coupable ».

Il faut obtenir que chaque ville soit obligée de réparer les dommages que le peuple qui l'habite a causés, afin que les habitants riches, tous ceux qui ont quelque crédit dans le peuple, soient intéressés à le retenir (3).

Il faut « habituer » le peuple à « un commerce public et fait par un grand nombre de personnes » ; « il en verra les opérations avec moins de frayeur ; et, comme chaque marchand emploiera un certain nombre de gens du peuple, il en résultera que, parmi le peuple même, beaucoup de gens prendront la défense de ce commerce (4) ».

En résumé, c'est *l'habitude* qui a donné naissance aux préjugés sur le commerce des grains, c'est par *l'habitude* que l'on arrivera à ramener « l'opinion publique ».

(1) *Réflexions sur le commerce des blés*, XI, p. 203.
(2) *Ibid.*, XI, p. 206.
(3) *Ibid.*, XI, p. 207.
(4) *Monopole et monopoleur*, XI, p. 45.

Mais Necker va plus loin : admettant, par hypothèse, que l'aveuglement puisse être dissipé par la force de l'évidence, il se demande si cet accroissement de lumières serait un avantage pour les propriétaires ; et il répond qu'il ne le pense pas, parce que, « si le peuple était capable de se rendre aux vérités abstraites, n'aurait-il pas en même temps la faculté de réfléchir sur l'origine des rangs, sur la source des propriétés, et sur toutes les institutions qui lui sont contraires ? (1) »

Condorcet ne s'arrête même pas à discuter cette affirmation que la source des propriétés soit une institution funeste pour le peuple ; il se contente d'affirmer à son tour que, bien au contraire, « la sûreté des possessions est utile à ceux mêmes qui ne possèdent rien, parce que c'est, dans un grand pays, le seul moyen d'assurer la subsistance des hommes, d'exciter leur activité et leur industrie (2) ». Convaincu, par ailleurs, de la bonté naturelle de l'homme et de sa perfectibilité, il considère que l'esprit de destruction et de brigandage, accompagnant toujours l'ignorance, disparaîtra avec le progrès des lumières.

Donc, outre que c'est une audacieuse et ridicule erreur de prétendre qu'un gouvernement doive conformer les lois aux préjugés du peuple (3), c'est une autre erreur d'affirmer que ces préjugés soient incurables ou favorables aux propriétaires ; Condorcet n'a, par suite, rien laissé subsister de ce fondement des lois prohibitives.

A la maxime de Necker que toute erreur tenant à la na-

(1) *Collection des économistes Guillaumin*, XVI, p. 267.
(2) *Réflexions sur le commerce des blés*, XI, p. 195, note.
(3) Cf. *Ibid.*, XI, p. 172.

ture humaine « doit être traitée comme une raison », maxime dont nous venons de donner la critique avec Condorcet, celui-ci oppose les principes sur lesquels, d'après lui, doit s'appuyer tout bon gouvernement : « Les hommes ne se sont mis en société que pour conserver leur propriété et leur liberté ; ils n'ont pu consentir à en sacrifier une partie, que lorsque ce sacrifice a été nécessaire à la conservation du reste. C'est à ce titre seul que le souverain a pu avoir droit d'exiger des citoyens le renoncement à une partie de leur propriété ; c'est donc à ceux qui demandent des règlements prohibitifs, à prouver que ces règlements sont nécessaires au salut de la nation (1) ».

En d'autres termes, toute loi doit être conforme aux droits naturels ; si un règlement porte atteinte à ceux-ci, c'est aux auteurs de ce règlement à prouver qu'une telle atteinte était nécessaire.

Que les lois prohibitives violent la liberté des citoyens, il n'est pas besoin de développement pour le prouver ; c'est l'essence même de ces lois d'être contraires à la liberté.

Mais il peut être plus intéressant de considérer, ainsi que l'a fait Condorcet, les lois prohibitives dans leurs rapports avec le droit de propriété, d'autant plus que Necker n'est pas précisément très respectueux de ce droit.

Pour Condorcet, la propriété est un droit naturel : à ce seul titre, elle mérite tous les égards de l'administration ; « une administration, écrit-il, doit respecter la propriété jusqu'à la superstition (2) » ; on ne saurait être plus affirmatif. Mais est-ce à dire que le droit de propriété soit

(1) *Réflexions sur le commerce des blés*, XI, p. 162.
(2) *Ibid.*, XI, p. 168.

absolu, qu'il ne comporte aucun tempérament ? Non, et des restrictions peuvent être apportées à ce droit dans le cas où, « devenant contraire à la sûreté ou au droit antérieur d'un autre, il cesse d'être un droit, et n'est plus qu'une usurpation et une violence (1) ».

Il faut donc rechercher si le propriétaire ou le marchand de blé, qui s'efforcent de vendre leur denrée le plus cher qu'ils peuvent, portent atteinte « à la sûreté ou au droit antérieur d'un autre ». Si oui, le gouvernement a raison d'apporter, par des règlements prohibitifs, des restrictions à leur droit de propriété ; sinon, les lois prohibitives doivent être condamnées par cela seul que, sans raison, elle violent un droit naturel.

Condorcet compare les propriétaires, seules atteints par les lois prohibitives, avec les rentiers, que ces mêmes lois laissent jouir en paix de leur argent. Or « toutes les propriétés doivent être également sacrées (2) » ; pourquoi alors traiter différemment le possesseur du sol et le possesseur d'argent ? En quoi « le vendeur de blé qui refuse de le donner à 40 liv. le setier, parce qu'il espère le vendre 50 liv. », est-il plus coupable que « le vendeur d'argent qui refuse d'en donner, ou d'en prêter à quatre pour cent, parce qu'il espère le placer à un intérêt double ? (3) »

Sans doute, « il y a des circonstances où l'un et l'autre peuvent être durs, inhumains, barbares même ; mais, tant qu'ils ne feront que disposer de ce qui est à eux, ce serait

(1) *Réflexions sur le commerce des blés*, XI, p. 165.
(2) *Ibid.*, XI, p. 170.
(3) *Ibid.*, XI, p. 166.

confondre toutes les notions que de regarder cette barbarie comme un crime (1) ».

Donc les propriétaires peuvent être inhumains; l'Etat n'a pas à intervenir; son intervention ne peut être justifiée que dans le cas où l'exercice de leur droit de propriété constituerait un empiètement sur le droit d'un autre; or ce n'est pas le cas dans la question abordée par Necker.

Il en résulte que c'est commettre une injustice que « de restreindre la propriété des possesseurs de terres à blé (2) ».

Mais ce n'est pas seulement commettre une injustice, c'est encore pratiquer une mauvaise politique, car c'est la classe des propriétaires fonciers et celle des hommes employés à cultiver les terres, qui nourrissent l'Etat et qui combattent pour lui; ce sont leurs sueurs qui fécondent la terre; de sorte que, si la justice permettait d'appliquer un traitement différent aux rentiers et aux propriétaires fonciers, ce serait sans conteste ces derniers qu'il conviendrait de favoriser; en effet, outre que les capitaux des rentiers leur rapportent plus de revenus que les fruits de la terre n'en rapportent aux propriétaires et aux cultivateurs, la situation des uns est beaucoup plus agréable que celle des autres; et il serait à craindre, si la propriété territoriale n'était pas sûre, que les propriétaires ne voulussent, par intérêt, se faire rentiers, c'est-à-dire quitter une position laborieuse et utile à tous pour entrer dans une classe de gens qui nourrissent « l'amour de la mollesse, la corruption, l'indifférence de la chose publique (3). »

(1) *Réflexions sur le commerce des blés*, XI, p. 166.
(2) *Ibid.*, XI, p. 169.
(3) *Ibid.*, XI, p. 170. Cf. *Ibid.*, XI, p. 145, où Condorcet, tout en obser-

Bien que les rentiers soient moins intéressants, au point de vue de l'utilité publique, que les propriétaires, il ne s'ensuit pas que l'on doive « leur faire banqueroute »; car leur propriété est aussi sacrée que celle des possesseurs de terres; le seul moyen licite et équitable de favoriser ces derniers consiste dans les avantages que leur peuvent accorder les lois politiques, tels que le droit de voter, le droit d'être élus membres des assemblées délibérantes, avantages qui se conçoivent d'autant mieux que les propriétaires sont « plus véritablement citoyens que les autres membres de l'Etat »: en effet, « ils ont, au bonheur général de la société, un intérêt d'autant plus grand, qu'il leur est plus difficile de la quitter; cet intérêt diminue dans les autres classes à raison de la facilité qu'on y a de changer de patrie; il cesse presque absolument pour le propriétaire d'argent qui, par une opération de banque, devient en un instant Anglais, Hollandais ou Russe (1) ».

Donc, d'une part, les lois prohibitives n'ont aucun fondement; d'autre part, elles constituent une maladresse politique.

vant que l'état de cultivateur et de propriétaire est moins agréable que celui de commerçant ou de rentier, n'estime pas cependant que ce soit une raison suffisante pour que les hommes adonnés à la culture changent d'état, parce que, dit-il, « les hommes ne sont pas des machines qui calculent et qui se déterminent toujours pour le parti où il y a le plus à gagner », parce que encore « l'homme aime mieux dépendre de la nature que de ses semblables, et qu'il souffre moins à être ruiné par une grêle que par une injustice. » Mais ce n'est pas à dire qu'il ne faille pas encourager l'agriculture; l'agriculteur restera sans doute sur sa terre; mais, découragé, il produira moins; d'autre part, « plus l'état de propriétaire de fonds sera avantageux, plus il y aura d'hommes qui voudront avoir des propriétés, surtout lorsque ces propriétés seront sacrées et libres de toutes vexations ».

Reflexions sur le commerce des blés, XI, p 159.

(1) *Ibid.*, pp. 170-171.

Mais ont-elles du moins le mérite d'apporter un remède aux prétendus inconvénients de la liberté ?

Pour répondre à cette question, il est nécessaire d'entrer dans des détails, et de prendre quelques-uns des règlements prohibitifs, pour en étudier les conséquences et reconnaître s'ils procurent réellement des avantages ou s'ils n'entraînent pas plutôt des inconvénients pires que ceux qui pourraient résulter de la liberté.

C'est ce que fait Condorcet, et dans sa *Lettre* et spécialement dans le chapitre VI et avant dernier de ses *Réflexions sur le commerce des blés.*

Condorcet choisit, parmi les règlements, ceux qui sont considérés comme utiles par le plus grand nombre de gens.

Ainsi le règlement qui ne permet de vendre qu'au marché semble avantageux à beaucoup de personnes qui craignent le monopole ; ce règlement a précisément pour but et pour motif d'éviter le monopole en favorisant la publicité du commerce des grains.

Or, au lieu d'éviter le monopole, ce règlement le favorise plutôt, « parce que les manœuvres par lesquelles on parvient à produire dans les prix une hausse ou une baisse momentanée, deviennent plus facile lorsque la vente ne peut se faire que dans un lieu et à une heure indiquée (1) ; ce qui constitue déjà un premier inconvénient.

Mais ce n'est pas le seul ; Condorcet en cite trois autres :

1° Il oblige les habitants des campagnes à faire plusieurs lieues pour aller acheter du blé qu'ils auraient pu trouver près d'eux ; plus ce déplacement se renouvelle, plus il fait

(1) *Réflexions sur le commerce des blés*, XI, p. 234.

perdre de temps à des gens qui n'ont que leur travail pour vivre; cette perte de temps ne peut se faire qu'aux dépens de leur subsistance.

2° Il augmente le prix pour les consommateurs des campagnes « de ce que coûte le transport du blé, d'abord du lieu où il a été recueilli au marché, ensuite du marché au lieu où il sera réduit en farine. Il l'augmente pour le consommateur des villes dans le temps que les travaux champêtres empêchent les fermiers d'apporter du blé au marché, parce qu'alors il multiplie le nombre des acheteurs ».

3° « Il augmente les inquiétudes et les terreurs, parce qu'il rassemble les acheteurs dans un même lieu; et l'on sait à quel point ces maladies de l'âme sont contagieuses (1). »

Il est vrai que Necker prétend qu'il n'est pas nécessaire d'exécuter à la rigueur cette loi de ne vendre qu'au marché; alors, ce sera l'arbitraire; les marchands de blé ne seront pas tous traités de la même façon, ils se trouveront par suite dans une situation précaire (2).

Necker propose de défendre de vendre ailleurs qu'au marché, seulement lorsque le blé montera à un certain prix; « c'est-à-dire, remarque Condorcet, qu'on prendra le moment où les inquiétudes du peuple sont le plus dangereuses, pour forcer les consommateurs à se rassembler et à se communiquer leurs terreurs; qu'on annoncera par cette précaution que la disette est à craindre et qu'il faut se précautionner contre elle; qu'on avertira ceux qui ont de l'argent de faire leur provision de blé. Ainsi, cette loi ne servirait

(1) *Réflexions sur le commerce des blés*, XI, p. 234.
(2) *Ibid.*, XI, p. 235.

qu'à faire hausser encore le prix des subsistances, qu à en tenir une quantité considérable en réserve dans les greniers des riches... (1) »

Donc, la loi qui défend de vendre ailleurs qu'au marché ne présente aucun avantage et cause au contraire de nombreux inconvénients.

Il en est de même du règlement qui défend aux marchands d'acheter du blé sans déclarer quelle en est la destination, le blé ne devant pas être revendu sur le lieu même; Necker prétend, par cette mesure, « prévenir tous les renchérissements qui dérivent de l'intervention inutile des marchands (2) ». Mais, dans ce cas, répond Condorcet, quel terme fixerez-vous au marchand pour faire partir le blé qu'il aura acheté? Si, avant ce terme, le blé renchérit dans le lieu de l'achat, le marchand sera-t-il empêché d'y vendre le blé qu'il vient d'acheter? Cela semble difficile; et alors, la loi « se borne à défendre de revendre sur le lieu lorsqu'il n'y a rien à gagner »; c'est une loi illusoire. De plus, la nécessité de déclarer quelle est la destination du blé suffira pour dégoûter de ce commerce; la création d'agents chargés de s'assurer que le blé va bien à la destination indiquée entraînera une dépense qui accroîtra d'autant le prix du blé... Règle générale conclut Condorcet: « ou le commerce cesse, ou les avanies faites aux marchands sont payées par les consommateurs (3). »

La loi qui consiste à obliger les boulangers à conserver

(1) *Réflexions sur le commerce des blés*, XI, p. 236.
(2) *Collection des principaux économistes Guillaumin*, XVI, p. 340.
(3) *Lettre d'un laboureur de Picardie*, XI, p. 7, et *Réflexions sur le commerce des blés*, XI, p. 237.

chez eux en dépôt, pendant un certain temps, une certaine quantité de blé, n'est ni moins inutile ni moins vexatoire; inutile, parce que les boulangers, par intérêt, feront librement, et plus à propos ce qu'on se propose d'exiger d'eux; vexatoire, parce que c'est imposer une contrainte aux boulangers, contrainte qui leur occasionnera un sucroît de dépense, lequel retombera en définitive sur ceux qui achèteront le pain. « D'ailleurs, ce sera sans doute au gouvernement à fixer l'époque où il faut entamer ces provisions: s'il la fixe trop tôt, elles seront consommées quand la disette arrivera; s'il attend, dans la crainte d'une disette plus grande, la récolte viendra; il sera obligé de dédommager les boulangers, et la précaution n'aura servi qu'à augmenter le prix du pain (1). »

Enfin toutes les lois prohibitives, variant avec les circonstances, ont le grave défaut d'être un obstacle à la constance du commerce: « Jamais un marchand ne saura, sous leur empire, si les lois sous lesquelles il a acheté, seront celles sous lesquelles il vendra (2). »

En définitive, les lois prohibitives qui n'ont aucun fondement sérieux, qui constituent une faute politique en ce qu'elles contrarient les propriétaires de fonds, dont la situation devrait au contraire être favorisée par un gouvernement véritablement soucieux de la prospérité publique, les lois prohibitives, disons-nous, n'ont même pas l'excuse de remédier aux prétendus inconvénients de la liberté et présentent des inconvénients autrement plus graves que

(1) *Lettre d'un laboureur de Picardie*, XI, p. 7, et *Réflexions sur le commerce des blés*, XI, p. 238.

(2) *Réflexions sur le commerce des blés*, XI, p. 148.

ceux que leurs auteurs ou leurs partisans ont la prétention de faire disparaître (1).

C'est la conclusion qui découle nécessairement de la critique des lois examinées par Condorcet, lois qu'il a choisies avec intention parmi « les plus raisonnables », afin de donner plus de force à son argumentation : « Peut-être, conclut-il lui-même, n'y a-t-il pas de plus forte preuve de la nécessité de donner au commerce des subsistances une liberté indéfinie, que la petitesse, l'inutilité et le danger des moyens qu'on a crus propres à parer aux prétendus inconvénients de cette liberté (2). »

Les lois prohibitives doivent donc être absolument réprouvées.

Mais ce n'est pas suffisant. Il y a encore des droits qu'il convient de supprimer comme opposant des obstacles aux bons effets qui doivent résulter de la liberté.

Tels sont les droits de hallage et les banalités.

Les premiers, en augmentant le prix des grains, « ont l'inconvénient d'exposer les marchands à des avanies, de les soumettre à des visites, à des formalités, de gêner le commerce, d'employer beaucoup de gens à la perception de l'impôt, et il en résulte que si l'on remboursait les propriétaires des droits, aux dépens des consommateurs, ceux-ci se trouveraient soulagés encore des frais de perception et du surcroît de profit que retire le marchand pour se dédommager de la gêne qui lui est imposée (3) ».

(1) Condorcet a condensé ses critiques des lois prohibitives dans ses *Notes sur Voltaire*, à l'article *Grains*, IV, p. 418.

(2) *Réflexions sur le commerce des blés*, XI, p. 238.

(3) *Ibid.*, XI, p. 243.

La banalité des moulins a le tort grave d'avoir comme conséquence de permettre au « meunier banal » de voler impunément les malheureux soumis à sa tyrannie. « Ces voleries, presque toujours impossibles à constater, presque toujours protégées par les justices subalternes, qui appartiennent au même propriétaire que le moulin banal, tombent principalement sur la partie du peuple qui ne porte au moulin que de petites quantités à la fois, et qui peut moins se faire entendre (1). »

Un moyen bien simple pour une administration vigilante de mettre fin à « ces voleries », serait de rendre les propriétaires responsables des vexations de leurs meuniers, et de les en punir par la suppression de la banalité.

Nous en avons fini avec la critique des prohibitions. S'il nous est permis d'émettre une appréciation sur les ouvrages comparés de Necker et de Condorcet, nous dirons que les *Réflexions* ont sur la *Législation et le commerce des grains,* toute la supériorité que peut avoir une œuvre bâtie sur des faits, sur une œuvre où les hypothèses jouent un trop grand rôle, une œuvre, où l'auteur a mis en pratique l'analyse la plus scrupuleuse des idées et des faits, sur une œuvre où l'on professe le dédain de cette analyse, en un mot, une œuvre scientifique sur une œuvre d'imagination.

Condorcet lui-même raille Necker du mépris qu'il professe à l'égard de la méthode analytique, il le raille surtout, et avec quelque malice, de son ignorance des faits :

« Vous dites que nous payons en argent le salaire de nos ouvriers de labourage, que vous appelez laboureurs

(1) *Réflexions sur le commerce des blés,* XI, p. 246.

et cultivateurs: ce fait n'est point exact, ce qui suffit pour faire tomber tout le raisonnement par lequel vous prouvez, dans cet endroit, que les économistes sont de terribles animaux.

« Vous dites qu'il y a des marchés dans presque tous les villages; cela n'est pas vrai dans ce pays, où il y a souvent cinq à six lieues d'un marché à l'autre. J'ai ouï dire qu'il en était de même de plusieurs autres cantons... »

Et plus loin; « Vous ignorez que dans presque toutes les villes on est nourri par les boulangers (1). »

Et il y a encore bien d'autres faits naïvement ignorés par Necker; Condorcet ne les cite pas tous, à quoi bon l'accabler davantage? Comme le dit M. de Molinari, la *Législation et le commerce des grains* révèle, de la part de son auteur, une « ignorance puérile des faits (2) ».

Faut-il encore incriminer les intentions? C'est comme une manie chez Condorcet de supposer aux auteurs ou aux ministres qu'il combat des intentions toutes différentes de celles qu'ils ont affichées; il ne peut pas concevoir que Colbert et Necker, par exemple, aient réellement eu en vue la prospérité publique; pourquoi ne pas plutôt supposer la bonne foi? Pour notre part, nous pensons sincèrement que Necker poursuivait un but « philantropique », tout comme Condorcet; s'il s'est trompé sur les moyens à prendre pour atteindre ce but, c'est parce qu'il s'est d'abord trompé sur la méthode à suivre pour découvrir ces moyens; il n'a pas su s'orienter; quoi d'étonnant à ce qu'il ait fait fausse route?

(1) *Lettre d'un laboureur de Picardie*, XI, pp. 21-22.
(2) *Collection des principaux économistes Guillaumin*, XVI, p. 358, note.

On pourrait presque résumer l'ouvrage de Necker et les deux réfutations de cet ouvrage par Condorcet en disant que l'un et l'autre ont eu pour but l'accroissement de la prospérité publique par le double développement de la richesse et de la population, le mot richesse n'étant pas toutefois entendu dans le même sens par les deux auteurs; mais, tandis que l'un pensait favoriser la population en abaissant, par des moyens artificiels le prix des subsistances au niveau des salaires, l'autre considérait, au contraire, qu'il fallait élever le taux des salaires au niveau du prix des subsistances; de là une bonne partie des différences de vues de Necker et de Condorcet sur la question des subsistances.

La conclusion de ce dernier paragraphe se dégage d'elle-même: pas de prohibition, aucune entrave à la liberté du commerce des grains, c'est-à-dire liberté complète de ce commerce.

« La liberté du commerce des grains est utile pour en augmenter la reproduction, en augmentant l'intérêt et les moyens d'étendre et de perfectionner la culture; le maintien de la liberté est encore le seul moyen, soit de faire naître un commerce constant, qui répare les disettes locales et prépare des ressources dans les années malheureuses, soit de faire baisser le prix moyen du blé et d'en diminuer les variations, objet plus important encore; car c'est sur ce prix moyen des subsistances que se règle le prix des salaires et celui de la plupart des denrées; en sorte que, partout où ces variations ne sont pas très grandes, les salaires seront toujours suffisants au soutien du peuple, et son travail, ainsi que sa subsistance, toujours assurés. La liberté du commerce des grains est également utile aux propriétaires, aux cultivateurs, aux consommateurs, aux salariés; plus une denrée est nécessaire, plus son commerce doit être libre... (1) »

Nous allons voir le développement des différentes idées émises en ces quelques lignes dans les chapitres suivants.

---

(1) *Vie de Turgot*, V, pp. 40-41. Cf. *Ibid.*, p. 60.

CHAPITRE III

Formation et Distribution des Richesses
(OU DOCTRINES POSITIVES DE CONDORCET)

Etat de l'agriculture au XVIII siècle; dépérissement dans lequel elle était tombée par suite de la politique mercantiliste. Réaction en faveur de l'agriculture. Notion de la richesse.

§ I. — FORMATION DES RICHESSES. — *Condorcet considère, comme les physiocrates, que l'agriculture seule est productive; la richesse réelle consiste dans la quantité du produit net des terres; conditions pour que cette quantité soit la plus grande possible; utilité de l'industrie, utilité du commerce; avantages et inconvénients de la division du travail.*

§ II. — ECHANGE. — *Théorie de la valeur (Galiani, Condillac, Ad. Smith, Condorcet); théories du prix et du prix moyen; monnaies.*

§ III. — DISTRIBUTION DES RICHESSES. — *L'ordre naturel est favorable à l'égalité sociale; les préjugés sont les principales causes des inégalités; les différentes inégalités sont la conséquence de trois inégalités principales: l'inégalité des richesses, l'inégalité des situations, l'inégalité d'instruction; possibilité de les diminuer. Condorcet n'est pas socialiste: ce qu'il pense du droit de propriété, des salaires, et de la population; optimisme de Condorcet.*

Nous avons préféré pour ce chapitre ce titre: *Formation et Distribution des richesses*, à tout autre: d'abord, parce que c'est le titre de l'ouvrage où Turgot, dont Condorcet fut le disciple fidèle, condensa en quelque sorte ses doctrines économiques; en second lieu, parce que ce sont les expressions mêmes dont se sert le plus volontiers Condorcet, lorsqu'il a l'occasion de rappeler ou d'expliquer certaines lois ou certains phénomènes relatifs à ce que la plupart des économistes appellent aujourd'hui : la production, la répartition et la consommation des richesses.

Nous avons vu, dans le chapitre précédent, comment Condorcet condamne, au nom des principes du droit naturel comme au nom des intérêts agricoles, le système fiscal et la politique prohibitionniste appliquée par les mercantilistes, système et politique qui nuisent, en fin de compte, aux propriétaires et aux cultivateurs, c'est-à-dire en somme à la reproduction.

Nous allons exposer dans celui-ci comment, l'agriculture étant seule productive, il faut de toute nécessité encourager la classe des agriculteurs-propriétaires, et quelles sont les conditions indispensables à l'augmentation de la reproduction; nous verrons le rôle utile que remplissent les industriels et les commerçants, rôle dont l'utilité correspond aux avantages de la division du travail; nous analyserons enfin les notions émises par Condorcet sur la valeur, le prix, la monnaie, les salaires, la population et la propriété.

Une question se pose naturellement au début de ce chapitre : en quoi consiste la richesse?

Les mercantilistes la faisaient consister dans l'abondance des métaux précieux; c'est pourquoi tous leurs efforts, dans la pratique, tendaient au développement de l'industrie manufacturière, dont les produits étaient considérés comme devant attirer dans la nation le plus possible d'or et d'argent, tandis qu'au contraire l'agriculture était découragée, soit par les lois sur les blés soit par l'interdiction d'exporter des matières premières, lois et interdiction dictées par le souci de diminuer le coût de production des objets manufacturés.

Le résultat le plus clair de cette politique fut le dépérissement dans lequel on laissa tomber l'agriculture :

« C'est un fait, écrivait Boisguilbert en 1697, que plus de la moitié de la France est en friche ou mal cultivée, c'est-à-dire beaucoup moins qu'elle ne pourrait l'être et même qu'elle ne l'était autrefois (1). » Cinquante années plus tard, en 1749, la même constatation était faite par le contrôleur général de Machault : « On est surpris, disait ce dernier, qu'il se trouve encore des laboureurs en France et que les disettes de blé ne se fassent pas sentir plus vivement et plus fréquemment... Lorsque l'on voit tant de terres devenues incultes, la plupart même de celles qui sont cultivées ne l'être qu'à demi, tant de peuples qui ont disparu des campagnes, tant de bourgs et de villages détruits ou qui tombent en ruines tous les jours, une infinité de gens réduits à déserter leurs foyers et à périr de misère, pendant qu'il y aurait moyen de les faire vivre tous en les occupant, n'est-il pas concluant qu'il faut que l'agriculture soit prodigieusement tombée depuis cinquante ans seulement et qu'il y ait dans la police des blés quelque vice radical, funeste à l'agriculture et à l'industrie ? (2) »

(1) *Détail de la France*, éd. Guillaumin, p. 253.
(2) Cité par Dupont de Nemours, *Analyse historique de la Législation des grains*, pp. 10 et 12.

Aussi vit-on un grand nombre d'écrivains économistes fixer leur attention sur la misère des campagnes pour découvrir les moyens d'y porter remède; la plupart, comme absorbés dans la contemplation de la situation agricole, leurs efforts tendus vers l'amélioration du sort des cultivateurs, en arrivèrent à tomber dans l'excès inverse de celui où étaient tombés les mercantilistes: de même que ceux-ci ne voyaient que les manufactures, de même Vauban, Boisguilbert, le marquis de Mirabeau, puis les physiocrates ne virent plus à leur tour que l'agriculture, n'envisageant les progrès du commerce et de l'industrie que dans leurs rapports avec ceux de la situation agricole.

Ad. Smith, dans sa *Richesse des Nations,* exprima, d'une manière originale, sa pensée sur cette réaction: « Si la branche est trop courbée dans un sens, dit le proverbe, il faut, pour la redresser, la courber tout autant dans le sens contraire. Il semble que c'est sur cette maxime triviale que se sont dirigés les philosophes français, auteurs du système qui représente l'agriculture comme l'unique source du revenu et de la richesse d'un pays; et si, dans le plan de M. de Colbert, l'industrie des villes avait certainement été évaluée trop haut en comparaison de celle des campagnes, aussi, dans leur système, ils paraissent non moins certainement avoir compté celle-ci pour trop peu (1). »

Ils la comptaient pour trop peu, en effet, puisqu'ils la considéraient comme improductive.

(1) *Collection des principaux économistes,* Guillaumin, VII, Ad. Smith, II, p. 310.

§ I. — Formation des richesses

Le principe fondamental de l'école de Quesnay, est que l'agriculture seule est productive : « Que le souverain et la nation, dit Quesnay, ne perdent jamais de vue que la *terre est l'unique source des richesses*, et que c'est l'agriculture qui les multiplie. Car l'augmentation des richesses assure celle de la population, les hommes et les richesses font prospérer l'agriculture, étendent le commerce, animent l'industrie, accroissent et perpétuent les richesses (1). »

« Le travail de l'agriculteur, dit Turgot, est l'unique source des richesses qui, par leur circulation, animent tous les travaux de la société, parce qu'il est le seul dont le travail produise au-delà du salaire du travail (2). »

Ad. Smith et Condillac considèrent, au contraire, que tout travail est productif, aussi bien celui de l'industriel et du commerçant que celui de l'agriculteur : « Le travail annuel d'une nation, écrit Ad. Smith, est le fonds primitif qui fournit à sa consommation annuelle toutes les choses nécessaires et commodes à la vie ; et ces choses sont toujours, ou le produit immédiat de ce travail, ou achetées des autres nations avec ce produit (3). »

Les physiocrates ne pensent pas que l'industrie et le commerce soient productifs ; si les matières transformées par l'industriel et transportées d'un endroit à un autre par le

(1) *Collection des principaux économistes*, Guillaumin. Volume des physiocrates, p. 81.

(2) *Ibid.*, IV, Turgot, I, p. 11.

(3) *Ibid.*, VI, p. 1. En ce qui concerne l'idée de Condillac sur la richesse et la production, voir la thèse de M. Auguste Lebeau sur *Condillac économiste*, pp. 368 et s.

commerçant augmentent de prix, c'est parce que ceux-ci ont juxtaposé des valeurs préexistantes ; si la valeur d'un objet est plus grande dans l'endroit où le commerçant l'a fait parvenir, ce n'est pas parce que cette augmentation de valeur a été créée par le commerçant : elle préexistait au transport, et c'est précisément parce que le négociant sait que telle chose vaut tel prix dans tel endroit qu'il l'y transporte.

L'agriculture, au contraire, met en circulation des valeurs qu'elle ne doit à personne ; elle peut, par suite, subsister sans le secours des autres classes de la nation, tandis que ces dernières ne sauraient se passer de l'agriculture.

C'est pourquoi les physiocrates distinguent les cultivateurs, qui constituent la classe « productive », des industriels et des commerçants qu'ils rangent dans la même classe, dénommée « stérile » par la plupart des disciples de Quesnay, et « stipendiée » par Turgot. A ces deux classes, Quesnay en ajoute une autre : celle des propriétaires, qui comprend, outre les propriétaires proprement dits, les décimateurs qui perçoivent l'impôt, et le souverain, considéré comme co-propriétaire des terres.

Condorcet partage l'erreur des physiocrates sur la productivité exclusive de l'agriculture : « La reproduction annuelle est l'unique source de la richesse dans chaque nation isolée (1). »

« La *véritable richesse* d'un Etat, dit-il encore, consiste dans la quantité des productions du sol qui reste au delà de ce qui doit être employé à payer les frais de leur

(1) *Tableau général de la science qui a pour objet l'application du calcul aux sciences politiques et morales*, I, p. 563.

culture. L'industrie contribue à augmenter la richesse. Dans un peuple sans industrie, chacun ne cultiverait que pour avoir le nécessaire physique, et la culture serait languissante (1). »

Il exprime à nouveau la même pensée, en examinant quelle espèce d'utilité une nation peut trouver dans le commerce étranger: celui-ci procure à la nation l'avantage « d'augmenter, par le débit plus grand des denrées nationales, ou des objets manufacturés, l'intérêt qu'ont les cultivateurs à multiplier les productions, et, en même temps, d'augmenter l'industrie et l'activité des manufacuriers, qui ne peuvent s'accroître sans influer sur la quantité du produit net des terres, et, par conséquent, sur la *richesse réelle* (2) ».

Il résulte des lignes que nous venons de citer que, pour que la richesse augmente, il faut que la reproduction annuelle, qui en est l'unique source, augmente elle-même, c'est-à-dire qu'il est nécessaire qu'elle surpasse la consommation; or seuls, les cultivateurs produisent plus qu'ils ne consomment; donc l'agriculture seule est productive.

Les hommes qui cultivent la terre sont obligés, pour en tirer les produits, de faire certaines dépenses ou « avances ».

Il y a des avances *annuelles* et des avances *primitives;* des avances primitives, telles que l'achat des bestiaux et des instruments de labourage, la construction des bâtiments destinés à mettre à l'abri bestiaux et insruments; des avan-

(1) *Notes sur Voltaire*, IV, p. 404.

(2) *De l'influence de la Révolution d'Amérique sur l'Europe*, VIII, pp. 31-32. Cf. *Essai sur les assemblées provinciales, VIII*, pp. 281, 297, et *Esquisse*, etc., VI, pp. 179, 539.

ces annuelles, comme, par exemple, la subsistance des valets et des bestiaux, l'achat de semences et d'engrais, l'entretien et la réparation des instruments de labour, etc.

Les avances primitives sont faites par le souverain (routes, canaux; d'une manière générale, les travaux publics), et par les propriétaires (irrigation, drainage, bâtiments). Les avances annuelles sont faites par le fermier.

Il faut donc, pour que la reproduction puisse ne pas diminuer, que le laboureur récolte « de quoi payer le propriétaire, le décimateur, les impôts, de quoi se rembourser de ses avances annuelles, et de quoi subsister... Ce qui reste au fermier pour subsister, et quelquefois au delà de sa subsistance, peut être regardé comme l'intérêt de ses avances (1) ». Si cet intérêt faiblissait, la reproduction diminuerait.

Pour que la reproduction augmente, il est nécessaire que chaque année le capital augmente, c'est-à-dire que le cultivateur retrouve quelque chose en plus de ce qui lui sert à subsister et à rembourser les avances, de manière à pouvoir exécuter des défrichements ou améliorer des terrains déjà employés à la culture; il faut aussi que « les capitaux qu'on destine à la culture, produisent un intérêt supérieur au taux ordinaire de l'argent, que le risque de perdre ses avances soit très petit, que l'état de cultivateur ne soit exposé ni à l'humiliation ni à l'oppression (2) »; il faut enfin, et à un autre point de vue, une bonne manière de cultiver; c'est ainsi que le métayage n'est pas favorable à l'amélioration de la culture parce que, d'une part, le mé-

(1) *Réflexions sur le commerce des blés,* XI, pp. 113-114.
(2) *Ibid.*, p. 115.

tayer n'est pas intéressé à conserver les avances premières, et que, d'autre part, le propriétaire, livré à d'autres occupations, hésite à confier au métayer des avances assez considérables (1).

L'augmentation de la reproduction est avantageuse, cela va de soi, pour les propriétaires et les cultivateurs; elle est indispensable pour les salariés; la diminution des subsistances n'entraîne, en effet, pour les premiers, qu'une diminution d'aisance, tandis que, pour les seconds, c'est leur vie même qui est menacée par une production insuffisante; l'augmentation des subsistances, au contraire, augmente la masse des salaires (2). Enfin, la nation a intérêt à l'augmentation de la reproduction, non seulement parce qu'elle entraîne une augmentation dans la masse des richesses et qu'elle accroît le bien-être de la population, mais encore: « 1° Parce que c'est une cause de trouble et de faiblesse pour une nation que de dépendre habituellement des étrangers pour une partie de sa subsistance; 2° parce que les propriétaires et les cultivateurs sont plus intéressés que les autres citoyens à ce que le pays, qu'ils ne peuvent quitter, soit gouverné par de bonne lois; 3° parce que l'agriculture forme des hommes plus forts, parce que ses travaux et ceux des métiers pénibles dont elle a besoin, éloignent davantage les hommes de la débauche, et que, les dispersant plus également sur les terres, ils les empêchent de se corrompre (3). »

Produisant plus qu'ils ne consomment, créateurs du bien-

(1) *Réflexions sur le commerce des blés,* XI, p. 117.
(2) *Ibid.,* XI, p. 118.
(3) *Ibid.,* XI, p. 119.

être et de la richesse, les individus adonnés à la culture de la terre constituent chez Condorcet une première classe d'hommes; il en distingue quatre autres: celle des industriels, celle des consommateurs, celle des commerçants, enfin celle des individus qui, « même sans aucun travail, peuvent, par leur volonté, conserver, ou même augmenter la valeur d'une portion de ce qui, étant disponible dans leurs mains, aurait pu être consommé par eux (1) ». Ceux qui composent cette dernière classe peuvent, par la manière dont ils dépensent leur fortune, influer d'une manière plus ou moins favorable, sur la production ; s'ils emploient leur argent à « s'habiller avec luxe, à se nourrir avec délicatesse ou avec recherche », ils font une dépense inutile « quoi qu'elle ait servi à faire subsister les hommes employés par eux, et à maintenir l'industrie »; s'ils préfèrent, avec leur argent, « se procurer des tableaux, des estampes, des livres », alors ils font également subsister des hommes, mais « en les employant d'une manière plus utile »; enfin, s'ils consacrent leur revenu à « dessécher un marais, défricher une terre », ils font une dépense favorable à la reproduction, puisqu'ils favorisent « l'augmentation des valeurs (2) ».

(1) *Tableau général de la science qui a pour objet*, etc., I, p. 564.

(2) *Ibid.*, I, pp. 564-565. Condorcet s'est inspiré dans ces lignes de la distinction établie par Ad. Smith entre les dépenses faites par un particulier « ou en choses qui se consomment immédiatemeent et pour lesquelles la dépense d'un jour ne peut être ni un soulagement ni une augmentation pour celle d'un autre jour, ou en choses plus durables, et qui par conséquent peuvent s'accumuler, et pour lesquelles la dépense de chaque jour peut, au choix du maître, ou alléger la dépense du jour suivant, ou la relever et la rendre plus apparente et plus magnifique »; les dépenses faites en « choses durables » sont plus favorables non seulement à l'opulence de l'individu, mais aussi à celle du pays. Cf. *Collection des Economistes*, VI, *Richesse des nations*, pp. 434 et suiv.

Il n'est pas besoin d'insister, plus que ne l'a fait Condorcet, sur la classe des consommateurs, « qui détruisent et ne produisent point ».

Les industriels ne produisent rien : ils ne font que « changer la forme » des productions premières fournies par l'agriculture et, en fin de compte, ils rendent à la masse « une valeur égale à celle qu'ils ont consommée (1) ».

Les commerçants, eux non plus, ne produisent rien : l'accroissement de prix des matières conservées ou transportées par eux correspond au travail accompli ou aux « valeurs consommées pour procurer cette conservation, pour faire ce transport (2) ».

En somme, dans la classe des industriels et dans celle des commerçants, la consommation égale la production ; il n'y a donc pas, de leur fait, à proprement parler, augmentation de production, seuls les cultivateurs produisent.

Mais ce n'est pas à dire que l'industrie et le commerce soient inutiles ; l'un et l'autre ont l'avantage d'éviter au producteur des pertes de temps et des frais inutiles.

Condorcet a surtout insisté sur l'utilité du commerçant, en particulier, à propos du commerce des blés.

C'est le commerçant seul qui peut « venir au secours » des propriétaires et des fermiers pour alimenter les pays dépourvus de subsistances, car les cultivateurs ne peuvent aller vendre loin d'eux (3).

C'est encore le commerçant qui réparera l'inégalité des différentes années en conservant, pour les années de disette,

(1) *Tableau général de la science qui a pour objet*, etc., I, p. 564.
(2) *Ibid.*, I, p. 564.
(3) *Réflexions sur le commerce des blés*, XI, p. 120.

le blé produit pendant les années d'abondance: le blé, en effet, pour être conservé, demande des soins qui, étant donnée leur complication, ne peuvent lui être donnés par les propriétaires ou les fermiers; seuls les commerçants peuvent avoir « un intérêt assez grand, assez constant, pour consacrer leur temps, leurs soins, et les avances suffisantes à pratiquer ou à perfectionner l'art de conserver les grains (1). »

Le commerçant est enfin un intermédiaire indispensable entre les producteurs et les consommateurs: il sait, en effet, dans quel endroit il faudra acheter les produits nécessaires au consommateur, il connaît les moyens les moins dispendieux de transporter ces produits, il a des lieux de dépôt tout préparés, toutes choses que les cultivateurs ne pourraient avoir ou connaître (2).

Le rôle du commerçant répond, en un mot, à la nécessité de la division sociale du travail, dont il présente d'ailleurs tous les avantages.

Division du travail. — On peut envisager la division du travail sous deux aspects différents: d'une part, la séparation des occupations entre différentes classes et entre différents métiers; d'autre part, la division du travail entre employés d'un même métier ou ouvriers d'un même atelier.

C'est envisagée sous ce second aspect qu'Ad. Smith a surtout étudié les avantages de la division du travail: en effet, explique-t-il, « on se fera plus aisément une idée des effets de la division du travail sur l'industrie générale de la société, si l'on observe comment ces effets opèrent dans

(1) *Réflexions sur le commerce des blés*, XI, p. 123. Cf. *Ibid.*, pp. 125 et s.
(2) *Ibid.*, XI, p. 121.

quelques manufactures particulières (1) ». Nous ne voulons pas insister ici sur son fameux exemple de la fabrication des épingles, exemple d'ailleurs un peu vieilli depuis que la plupart des épingles se font à la machine; mais, comme Condorcet, sur cette importante question, renvoie ses lecteurs à l'auteur de la *Richesse des Nations* (2), nous estimons qu'il est utile de rappeler le plus brièvement possible quels avantages Ad. Smith assigne à la division du travail.

Ils sont au nombre de trois principaux.

D'abord, « en réduisant la tâche de chaque homme à quelque opération très simple et en faisant de cette opération la seule occupation de sa vie, la division du travail lui fait acquérir nécessairement une très grande dextérité (3) ».

Condorcet explique ce même avantage, en termes à peu près équivalents, à propos de l'extension et de la complication des arts: « On s'aperçut, dit-il, que l'industrie d'un individu se perfectionnait davantage, lorsqu'elle s'exerçait sur moins d'objets; que la main exécutait avec plus de promptitude et de précision un plus petit nombre de mouvements, quand une longue habitude les lui avait rendus plus familiers; qu'il fallait moins d'intelligence pour bien faire un ouvrage, quand on l'avait souvent fait et refait (4).»

Un second avantage de la division du travail consiste dans l'épargne du temps qui se perd ordinairement quand on passe d'une sorte d'ouvrage à une autre.

Enfin le troisième avantage résulte de ce que la division

(1) *Collect. des Economistes*, VI, Ad. Smith, I, p. 6.
(2) Cf. *Essai sur les Assemblées provinciales*, VIII, p. 477.
(3) *Collect. des Econom.*, *Ibid.*, p. 11.
(4) *Esquisse*, etc., VI, pp. 40-41.

des occupations a permis l'invention d'un grand nombre de machines qui facilitent et abrègent le travail, et qui font qu'un homme peut remplir la tâche de plusieurs: en effet, « quand l'attention d'un homme est toute dirigée vers un objet, il est bien plus propre à découvrir les méthodes les plus promptes et les plus aisées pour l'atteindre, que lorsque cette attention embrasse une plus grande variété de choses; or, en conséquence de la division du travail, l'attention de chaque homme est naturellement fixée tout entière sur un objet très simple. On doit donc naturellement attendre que quelqu'un de ceux qui sont employés à une branche séparée d'un ouvrage trouvera bientôt la méthode la plus courte et la plus facile de remplir sa tâche particulière, si la nature de cette tâche permet de l'espérer (1)... »

Mais la division du travail n'a pas que des avantages; elle entraîne aussi avec elle des inconvénients.

On peut d'abord se demander si l'invention des machines n'est pas une cause de misère pour un certain nombre d'individus, puisque le même travail qui exigeait auparavant la coopération de 20 ou 30 ouvriers, par exemple, peut maintenant, et dans un moindre espace de temps, être fait par un seul; que deviendront les 19 ou 29 autres?

Condorcet estime que l'établissement de nouvelles machines cause en réalité des troubles parmi la classe des ouvriers, troubles provenant de ce que l'équilibre est rompu; mais les effets de cette cause ne peuvent être que passagers comme cette cause elle-même; l'équilibre se rétablira promp-

(1) *Collect. des Econom.*, VI, pp. 11 et 12.

tement parce que, l'invention d'une nouvelle machine rendant moins chères certaines productions, il y a dès lors plus d'argent à employer pour des objets nouveaux : ce que l'on épargne sur un genre de consommation se reporte vers d'autres jouissances ; « il se trouve des bras qui ont besoin d'un nouveau travail, mais, en même temps, il reste en réserve de quoi payer leur salaire (1) » ; le temps pendant lequel l'équilibre sera rompu sera d'autant plus court qu'il y aura plus de liberté. D'ailleurs, ajoute Condorcet, « cette cause de trouble cessera lorsqu'il n'y aura plus à inventer de machines qui abrègent le travail d'une manière si prodigieuse, lorsqu'il ne pourra plus être question que de les perfectionner, lorsque l'usage de machines, déjà inventées en grand nombre, s'étendant sur la plupart des travaux, chacun occupera beaucoup moins de bras, et qu'ainsi une simplification, même égale, ne pourra plus avoir qu'un effet beaucoup moindre (2) ».

Un autre inconvénient, plus grave en ce que ses effets atteignent un bien plus grand nombre d'individus, et en ce qu'ils sont plus durables, résulte de la routine dans laquelle se laissent croupir les personnes adonnées perpétuellement à une occupation toujours semblable ; routine qui fait « contracter aux hommes une sorte de stupidité, resserre leurs idées dans un cercle tellement étroit que, convertis eux-mêmes en machines, pour ainsi dire, ils deviennent incapables de toute autre chose que d'exécuter certains mouvements (3) ». Comment des hommes, arrivés à ce

(1) *Essai sur les Assemblées provinciales*, VIII, p. 459.
(2) *Ibid.*, p. 459.
(3) *Ibid.*, VIII, p. 460.

degré de « stupidité » pourront-ils trouver de nouvelles ressources lorsque l'invention de nouvelles machines ou une autre cause les contraindront d'abandonner l'atelier dans lequel ils avaient l'habitude de travailler? Cette routine, fruit de la paresse individuelle, fruit aussi des institutions sociales, peut entraîner de graves conséquences pour celui qui en est la victime; mais, bien plus, elle est nuisible à la société tout entière, « car il ne faut pas croire que les classes riches puissent continuer longtemps de s'éclairer, si les classes pauvres restent condamnées à une éternelle stupidité. C'est quand elles se répandent, et non en se concentrant, que les lumières peuvent s'augmenter: plus elles sont resserrées dans un petit nombre d'individus, plus il est à craindre que l'erreur et la fausse science ne viennent en ternir l'éclat... Les lignes de communication, au lieu de se multiplier entre les savants et les autres hommes, deviendraient plus rares (1) ».

L'établissement d'une instruction publique est donc à la fois utile et aux individus et à la société tout entière; nous verrons les idées de Condorcet sur ce point dans le chapitre suivant.

Quoi qu'il en soit des inconvénients de la division du travail, il est certain qu'ils sont loin d'arriver à contrebalancer ses avantages; ceux-ci les dominent de beaucoup; et, s'il convient de les signaler, c'est parce qu'il est possible et, par suite, nécessaire, sinon d'en supprimer complètement les effets, du moins de les atténuer en grande partie.

La division du travail est d'ailleurs une nécessité de fait.

(1) *Essai sur les Assemblées provinciales*, VIII, p. 477.

§ II. — L'ÉCHANGE.

De la nécessité de la division du travail découle la nécessité des échanges: l'agriculteur peut avoir besoin des produits industriels, l'industriel ne saurait se passer des produits de l'agriculture, et l'un et l'autre trouvent un intermédiaire utile dans le commerçant qui n'a d'autre raison d'exister que de transporter les produits industriels ou agricoles de l'endroit où ils sont en abondance dans l'endroit où ils manquent, pour le plus grand avantage des producteurs et des consommateurs.

L'échange est de sa nature un contrat d'égalité qui se fait de valeur pour valeur égale (1); le prix exprime le rapport des valeurs; l'échange se fait au moyen de la monnaie.

Nous allons donc rechercher les idées de Condorcet sur la valeur, sur les prix, et sur la monnaie.

A. — Valeur. — Condorcet n'a pas édifié une théorie de la valeur; après tout, ce n'était pas son rôle; il a laissé le soin de développer et d'approfondir des théories économiques aux économistes et il n'en manquait pas au XVIIIe siècle; mais, instituteur du peuple, comme le dit M. Alengry, et surtout réformateur des abus, il ne pouvait cependant se contenter de critiquer et de détruire; encore fallait-il au moins qu'il indiquât ce qu'il convenait de mettre à la place de ce qu'il voulait détruire, et qu'il expliquât en même temps les raisons pour lesquelles telle chose conve-

(1) Cf. *Tableau général de la science qui a pour objet l'application du calcul aux sciences politiques et morales*, I, p. 559.

nait plutôt que telle autre; obligé par le rôle qu'il s'était tracé, de traiter de questions économiques, il les a envisagées au point de vue le plus utile, c'est-à-dire au point de vue pratique, se contentant d'appuyer la politique qu'il préconisait sur les idées qui lui semblait le plus exactes; après avoir étudié et analysé les discussions et les réflexions économiques de ses contemporains (il n'avait pas à remonter dans le passé, puisque la science économique en était à ses débuts), il choisissait parmi leurs théories, celle qui lui semblait le plus conforme à la réalité des choses et il la condensait en quelques lignes, lorsque la circonstance s'en présentait. Ainsi fit-il pour la valeur, à propos de l'application du calcul aux sciences politiques et morales; quelques lignes lui ont suffi pour résumer toute son idée sur cette question si importante.

Condorcet s'est inspiré en cette matière de Condillac.

Condillac avait lui-même profité de la théorie de Galiani (1).

Les physiocrates, sauf Turgot et Le Trosne, ne semblent pas avoir apprécié l'importance et la place de ce phénomène dans l'édification de la science économique; nous ne parlerons pas de la théorie de Turgot, l'article *Valeurs et Monnaies*, où elle est exposée n'ayant été publié qu'en 1808, c'est-à-dire bien après la mort de Condorcet.

Galiani a exposé sa théorie de la valeur dans son ouvrage *Della Moneta libri cinque*, paru en 1750; il la définit: « une idée de proportion entre la possession d'une chose et la pos-

(1) Voir la thèse de M. Aug. Lebeau, sur *Condillac économiste*, Paris, 1903. Guillaumin et Cie, pp. 315 et sq.

session d'une autre dans la conception d'un homme (1) »; elle est le résultat d'un raisonnement complexe qui consiste dans le calcul de l'utilité (l'utilité étant l'aptitude à satisfaire les jouissances) combiné avec celui de la rareté d'une chose.

L'utilité est variable; elle dépend souvent des caprices de la « mode »; mais cependant il y a certaines catégories de choses qui sont généralement désirées par la grande masse des hommes et avec une intensité à peu près égale par chacun; ces choses-là ont alors une valeur courante.

A utilité égale, la chose la plus rare a le plus de valeur.

Tant que les besoins primordiaux ne sont pas satisfaits, les choses les plus utiles ont le plus de valeur; mais, lorsque ces besoins sont satisfaits, de nouveaux désirs s'élèvent qui font que l'on accordera une plus grande valeur aux choses plus rares, propres à les satisfaire.

Enfin Galiani estime que la valeur d'échange se règle sur le coût de production.

Pour Condillac (2), la valeur est indépendante de toute comparaison entre des choses différentes: elle est uniquement le résultat de celle que nous établissons entre un ou plusieurs besoins et une chose; en d'autres termes, l'utilité est le véritable fondement de la valeur; mais l'utilité n'est pas ici considérée comme une qualité physique, intrinsèque des choses; elle apparaît comme une pure conception de l'esprit.

(1) Galiani : traduction A. Dubois, *Revue d'Economie politique*, XI, p. 917.

(2) *Œuvres complètes de Condillac*, IV : *Le Commerce et le Gouvernement considérés relativement l'un à l'autre*, première partie, chap. I, p. 16 et sq.

La quantité est un autre élément de la valeur; comme l'utilité, elle est une pure conception de l'esprit: « Je conçois qu'une chose est rare, quand nous jugeons (Condillac souligne lui-même le mot), que nous n'en avons pas autant qu'il en faut pour notre usage; qu'elle est abondante, quand nous jugeons que nous en avons autant qu'il nous en faut; et qu'elle est surabondante, quand nous jugeons que nous en avons au delà (1). »

La rareté ne suffit pas, comme l'utilité, à donner de la valeur à une chose; elle peut faire seulement que la valeur soit plus ou moins grande. A utilité égale, nous attribuons plus de valeur aux choses que nous estimons être les plus rares.

Un troisième élément enfin contribue à transformer notre jugement sur la valeur: c'est le travail; plus l'effort pour produire une chose est grand, plus petite est la quantité que nous pouvons nous en procurer; par suite, la chose étant plus rare, nous lui attribuons une plus grande valeur.

Ad. Smith (2) distingue la valeur en usage de la valeur échangeable: par valeur en usage, il entend l'utilité d'un objet particulier, la valeur échangeable consistant dans la faculté que donne la possession de cet objet de s'en procurer d'autres; un objet peut avoir une très grande valeur en usage, par exemple l'eau, et n'avoir qu'une faible valeur en échange; inversement d'autres objets peuvent avoir un grand pouvoir d'échange comme le diamant, et n'avoir que peu de valeur quant à l'usage.

Ad. Smith ne voit que le travail comme source de la va-

(1) *Ibid.*, pp. 17-18.
(2) *Collect. des Econom.*, VI, Adam Smith, I, pp. 35 et sq.

leur échangeable. Il n'a pas su distinguer nettement la valeur du prix.

Pour Condorcet, « tout ce qui sert aux besoins d'un individu, tout ce qui est, à ses yeux, de quelque utilité, tout ce qui lui procure un plaisir quelconque ou lui évite une peine a pour lui une valeur dont l'importance de ce besoin, le degré de cette utilité, l'intensité de ce plaisir ou de cette peine, sont la mesure naturelle (1) ».

Comme Condillac donc, il fait du besoin ou de l'utilité la base de la valeur; comme lui, il envisage l'utilité au point de vue subjectif (« tout ce qui est *à ses yeux* de quelque utilité », dit-il); comme lui enfin, il reconnaît l'influence que peut avoir le travail sur la valeur, car ce qui « évite une peine » à l'un, coûte du travail à un autre; et l'on peut faire le même raisonnement que Condillac: plus le travail ou l'effort à fournir est pénible, plus l'objet sera rare, plus, par conséquent, sa valeur augmentera *aux yeux* de celui qui le désirera; car Condorcet observe aussi que la quantité est un élément de la valeur: « Le prix, dit-il, varie d'une année à l'autre, selon que la *quantité* de la reproduction a été plus ou moins grande (2). »

Avec Galiani, il constate qu'un grand nombre de choses, répondant à des besoins ou à des goûts communs à tous les hommes, sont désirées par chacun avec une intensité à peu près égale: « Comme les hommes qui habitent un même pays ont à peu près les mêmes besoins, qu'ils ont aussi, en général, les mêmes goûts, les mêmes idées d'utilité, ce qui

(1) *Tableau général de la science qui a pour objet*, etc., I, p. 558.
(2) *Réflexions sur le commerce des blés*, XI, p. 128.

a une valeur pour l'un d'eux en a généralement pour tous (1). »

On peut dire, en somme, malgré qu'elles soient incomplètes, que les idées de Condorcet sur la valeur sont, en quelque sorte, comme celles de Condillac auquel il les a empruntées, le germe des doctrines subjectives modernes.

B. — Prix. — Les rapports des valeurs sont exprimés par les prix (2); Condorcet a développé, d'une façon originale, les idées exposées par Quesnay dans l'article *Grains* de l'*Encyclopédie*, et par Turgot dans sa quatrième *Lettre sur le commerce des grains*.

D'une manière générale, constate Condorcet, « le besoin que l'acheteur a d'une denrée, et le besoin que le vendeur a de l'argent échangé contre elle, en déterminent le prix. La concurrence entre les acheteurs tend à le faire hausser, et a pour borne, ou leurs facultés, ou le besoin plus grand qu'ils ont d'une autre denrée dont ils seraient obligés de se priver, s'ils achetaient la première au delà d'un certain prix. La concurrence entre les vendeurs tend à baisser le prix, et a pour borne le défaut d'intérêt qu'ils auraient à se procurer cette denrée pour la vendre, si elle tombait au-dessous d'un certain prix (3). » En quelques lignes, Condorcet indique la loi de formation des prix, et fixe les limites, entre lesquelles les prix peuvent varier, avec toute la précision possible en pareille matière; on peut bien dire, en effet, que telle circonstance empêchera les prix de s'élever plus haut, que telle autre les empêchera de descendre

(1) *Tableau général de la science qui a pour objet*, etc., I, p. 558.
(2) *Ibid.*, I, p. 558.
(3) *Essai sur les Assemblées provinciales*, VIII, p. 344.

plus bas; mais il ne faut pas prétendre arriver à une précision mathématique, car « l'envie d'acheter et celle de vendre ne sont susceptibles d'aucun calcul », pas plus que ne le sont les opinions ou les passions, desquelles dépendent en définitive les variations des prix (1). « Aussi, conclut Condorcet, dans tous les problèmes économiques où il s'agit de quantité, devons-nous nous estimer très heureux quand nous savons que l'une augmente et que l'autre diminue dans un cas ou dans un autre; que l'une est positive et l'autre négative, grande ou petite, et ne pas chercher à en avoir la mesure (2). »

Réfutant les erreurs de Necker sur le commerce des blés, il fut naturellement amené à consacrer un chapitre spécial, le quatrième de la première partie, au prix des grains; et il est permis de penser qu'il traita d'autant plus volontiers cette question que, d'une manière générale, « le prix des denrées et celui des salaires se conforment aux variations que subit, d'un siècle à l'autre, le prix ordinaire du blé (3) ».

On pourrait croire que la nécessité absolue dont est le pain, le besoin instantané qu'on en a, aient une influence telle sur le prix du blé que, celui-ci ne se formât pas comme celui des autres denrées; il n'en est rien: « Le prix du blé se fixe comme celui de toute autre denrée »; il dépend de même du rapport entre la quantité existante de la denrée et celle de la consommation; la concurrence entre les vendeurs y influe de la même manière (4).

(1) *Lettre au comte Pierre Verri*, I, p. 287.
(2) *Ibid.*, I, p. 288.
(3) *Réflexions sur le commerce des blés*, XI, p. 135.
(4) *Ibid.*, XI, p. 128.

Ce n'est point, en effet, au besoin que le consommateur a d'avoir du pain qu'il faut comparer l'intérêt que le marchand a de vendre; « c'est au besoin que le consommateur aurait du blé de ce marchand; et comme celui-ci a un grand intérêt de vendre avant la récolte, surtout lorsque le blé est cher, il arrive que dans ce cas, chaque marchand se règle sur la probabilité que, s'il refuse de vendre à tel prix, une partie de son blé lui restera. Il a donc à craindre et la concurrence des autres marchands, et l'arrivée des blés étrangers, et même la diminution de la consommation : car ce marchand n'ignore pas que la quantité de la nourriture du peuple peut être considérablement diminuée pendant un assez long temps, sans autre effet que de détruire sa santé; et qu'ainsi il est très possible que l'augmentation du prix de la denrée produise une diminution de consommation... Si les vendeurs de pain le renchérissent trop, le peuple consommera moins à proportion pendant quelques jours : celui qui a des effets les vendra à perte; les autres auront recours à la charité des riches. Ce sera un état de souffrance, mais non de famine pour le peuple, et cet état cessera bientôt, sans qu'il en résulte aucun profit pour les marchands : car, au bout de quelques jours, il se présentera des vendeurs de pain; et celui qui aura voulu profiter du besoin instantané perdra ses pratiques. Or, si le peuple a besoin des vendeurs de pain en général, chaque vendeur de pain en particulier a besoin des acheteurs qui se fournissent chez lui. Il n'y a donc rien à craindre, à moins qu'une folie épidémique ne s'empare, le même jour, de tous les faiseurs de pain d'un pays (1). »

En résumé, si le prix du pain est trop élevé, la consommation sera moindre; il en résultera sans doute un état de souffrance pour le peuple, mais cet état ne sera que passager; et, une fois les choses revenues à leur état normal, les vendeurs de pain, qui auront voulu abuser du besoin instantané, perdront leur clientèle; c'est-à-dire qu'il n'est pas de leur intérêt de vouloir vendre à un prix exorbitant.

Le prix du pain se fixe donc comme celui de toute autre denrée.

Quelles sont les causes qui peuvent faire varier le prix du pain?

Elles se ramènent toutes à une seule: la variation dans la quantité.

« Le prix varie d'une année à l'autre, selon que la quantité de la reproduction a été plus ou moins grande. Il varie aussi d'un pays à l'autre, selon le rapport de la consommation de ces pays avec leur fécondité (2). » Le prix varie encore dans chaque pays et dans l'espace d'une année, à mesure que la consommation en diminue la quantité : « Ainsi, plus on s'éloigne de la moisson passée, plus le blé augmente (3). »

Toutefois les opérations d'un commerce « constant et toujours actif » tendront à ramener un certain équilibre dans les prix; d'une part, elles l'élèveront dans les pays où il est bas, et l'abaisseront dans les autres; d'autre part,

(1) *Réflexions sur le commerce des blés*, XI, pp. 127-128.
(2) *Ibid.*, XI, p. 128.
(3) *Ibid.*, XI, p. 129.

« les achats faits dans les années d'abondance y augmenteront le prix ; la vente des blés conservés le diminuera dans les autres (1) ». Enfin, à mesure que la prochaine moisson arrivera, et surtout si cette moisson s'annonce abondante, la crainte de garder leur blé fera que le propriétaire et le marchand diminueront leur prix.

« En général, conclut Condorcet, les variations du prix du blé seront égales aux frais de transport et de conservation, à l'intérêt commun de l'argent, et à un profit pour le marchand. De même, le prix du blé pris sur le lieu où il a été produit et acheté du cultivateur, sera égal aux frais annuels de culture, dans lesquels il faut comprendre la nourriture et l'entretien du cultivateur ; à l'intérêt des avances premières ; à l'impôt territorial ; à la dîme ; à la portion prélevée par le propriétaire, et à un profit pour le cultivateur (2). »

Et il est de l'intérêt même du consommateur, contrairement à ce que pensent Necker et les prohibitionnistes, que le profit du marchand soit assez élevé pour l'engager à continuer son commerce, indispensable, nous le savons, pour corriger les inégalités qui peuvent se produire d'une année à l'autre ou d'un pays à un autre ; que le revenu du propriétaire soit suffisant pour ne pas le décourager de livrer son terrain à la culture du blé ; que le profit du cultivateur soit assez grand pour qu'il continue à mettre ses capitaux dans cette sorte d'entreprise.

Sinon, « il est constant » que, à la suite d'années où ces profits et ce revenu auraient été insuffisants, « les consom-

(1) *Réflexions sur le commerce des blés*, XI, p. 129.
(2) *Ibid.*, XI, p. 130.

mateurs se trouveraient exposés à des chertés excessives, et même à des disettes réelles, comme l'expérience ne l'a que trop prouvé jusqu'ici (1) ».

Comme Turgot, Condorcet fait la théorie du « *prix moyen* ».

Le prix moyen se forme « en prenant la somme des prix, soit dans différents temps, soit dans différents pays, et en divisant cette somme par le nombre des prix observés (2) ».

Condorcet choisit comme *prix moyen* celui d'une même province dans différentes années et il appelle *prix général* le prix moyen de tous les pays où les subsistances circulent.

Or, le prix moyen peut être supérieur ou inférieur au prix général.

S'il est supérieur, il en résultera: d'une part, la diminution de la culture nationale; d'autre part, la nécessité d'avoir recours aux subsistances étrangères; effets également funestes pour un Etat.

S'il est inférieur, les conséquences sont encore plus funestes: « Lorsque les subsistances manqueront dans ces pays, il faudra recourir au commerce pour y suppléer; il faudra donc que le blé y soit monté au-dessus du prix général, c'est-à-dire, à un prix exorbitant pour le pays, et dont

(1) *Réflexions sur le commerce des blés*, XI, p. 131. Necker pensait, au contraire, que, d'une part, les consommateurs avaient intérêt à ce que le prix du blé soit le moins élevé possible; et que, d'autre part, le haut prix constant des grains devait être indifférent aux propriétaires eux-mêmes, parce que, disait-il, « le prix du travail et la somme des impôts s'y proportionnant, on n'avait jamais que la même somme de biens pour la même quantité de denrées ». *Collect. des Economistes*, XVI, Necker, *Essai sur la Législation et le Commerce des grains*, p. 247. Nous verrons plus loin, à propos de la manière dont se proportionnent les salaires, ce que pense Condorcet sur ce point.

(2) *Réflexions sur le Commerce des blés*, XI, p. 135.

il résultera nécessairement une disette (1) ». De plus, comme le prix des salaires se proportionne, dans chaque pays, au prix ordinaire des denrées de subsistance, il en résultera pour les salariés un état de souffrance, puisque le prix de leur travail ne sera plus suffisant pour leur permettre d'acheter les denrées importées et devenues chères.

L'intérêt des salariés est donc que le prix moyen s'approche du prix général.

Il en est de même de l'intérêt du cultivateur et de celui du propriétaire : si le prix moyen est trop bas, en effet, il peut en résulter le découragement d'employer ses fonds à la culture, parce que l'intérêt des avances, évaluées en argent, sera moindre que s'il était employé dans d'autres entreprises. Si, au contraire, ce prix est trop haut, les propriétaires et les fermiers auront de la peine à soutenir la concurrence de l'étranger et, dans ce cas encore, ils peuvent être découragés de continuer la culture de leurs terres.

Condorcet conclut de ses observations sur les prix du grain et sur le prix moyen, que les propriétaires et les cultivateurs d'une part, les consommateurs et spécialement, parmi ces derniers, les salariés, d'autre part, ont intérêt à l'égalisation des prix ; mais toutefois, remarque Condorcet, « si l'égalité entre les prix est le but auquel on doit tendre, nous avouons qu'il n'est possible d'en approcher que jusqu'à un certain point, et qu'il restera toujours une différence égale, tantôt aux frais de transport, tantôt à ceux de conservation, auxquels il faut ajouter l'intérêt que le marchand doit retirer de ses avances ; et, par conséquent, le but qu'on

(1) *Réflexions sur le commerce des blés*, XI, p. 136.

doit se proposer, c'est de faire en sorte que ces frais et cet intérêt du marchand soient les plus faibles qu'il est possible (1) ».

Ces explications de Condorcet sur le prix des grains, le prix moyen et l'égalisation des prix ont une importance d'autant plus grande qu'elles constituent l'un des fondements de sa politique économique, en particulier en ce qui concerne la liberté du commerce des grains; c'est ce que nous verrons dans le chapitre suivant.

C. — Monnaies. — Dans la pratique, pour avoir une claire notion de la valeur ou du prix comparés de deux ou de plusieurs choses, il faut les comparer non pas entre elles, mais à une autre chose déterminée, toujours la même; il faut, en un mot, une commune mesure (2); c'est un fait remarquable que, arrivés à un certain degré de civilisation, presque tous les peuples se soient trouvés d'accord pour choisir comme mesure des valeurs, comme étalon, la valeur des métaux précieux (3); c'est qu'en effet ils conviennent merveilleusement à ce rôle, « parce qu'ils sont inaltérables, homogènes, divisibles, assez rares, assez utiles pour qu'un morceau de ces métaux, d'un petit volume et d'un poids peu incommode, représentât une assez grande quantité des objets de la consommation commune (4) ».

L'inaltérabilité des métaux précieux et leur faible poids font que leur valeur est, de toutes les valeurs, celle qui varie le moins d'un lieu à un autre ou d'une année à une

(1) *Réflexions sur le commerce des blés*, XI, p. 143.
(2) *Tableau général de la science qui a pour objet l'application du calcul aux sciences politiques et morales*, I, p. 560.
(3) *Ibid.*, I, p. 561.
(4) *Premier Mémoire sur les monnaies*, XI, p. 588.

autre ; ce qui est un très grand avantage pour une commune mesure.

Cependant Condorcet ne manque pas d'observer que la valeur des métaux précieux peut varier avec leur quantité, et il en examine les conséquences ; « supposons, par exemple, dit-il, qu'une même quantité des denrées les plus nécessaires, de journées d'hommes, de terres d'une production égale, équivaille dans un temps à cent livres pesant d'argent fin, réduit en monnaies, et dans l'autre à cent vingt livres ; il est clair que celui qui s'est engagé à rendre cent livres pour cent livres qu'on lui a données, ou pour les valeurs en journées, en denrées, en terres qui équivalaient à ces cent livres, rendra moins qu'il n'a reçu, puisque avec ces cent livres on ne peut plus se procurer la même quantité de denrées, de journées, de fonds de terre, mais un sixième de moins ».

Toutefois, continue Condorcet, comme le rapport de valeur des denrées entre elles n'est pas non plus invariable et qu'aucune n'est susceptible d'une identité parfaite entre des quantités de même volume ou de même poids, « on fait abstraction de cette variation réelle dans la valeur de l'argent, et on la considère comme constante. Cette convention générale une fois faite, il n'en résulte plus d'injustice, parce que, si on ne rend pas la valeur de ce qu'on a reçu, on rend la valeur qu'on a promis de rendre (1) ».

Mais, dans les échanges, il n'était pas pratique de se servir de lingots bruts ; on a donc fait les pièces de monnaie, dans lesquelles on a mélangé à l'or et à l'argent une

(1) *Premier Mémoire sur les monnaies*, XI, pp. 589-590.

certaine quantité de métaux moins précieux ; on a constaté la quantité de métal précieux, d'argent fin, par exemple, que contient un poids donné de métal ; on a donné à cette masse une forme commode pour le transport et on y a appliqué une empreinte qui atteste, sur la foi publique, que telle pièce contient telle quantité d'argent fin (1).

La pièce ainsi constituée devient « la valeur qu'on est obligé de donner et de recevoir dans les conventions (2) ».

La fabrication de la monnaie ne peut malheureusement pas être libre ; il est nécessaire que la nation se charge elle-même de surveiller cette fabrication et la soumette à des règles telles « qu'il ne puisse y avoir ni d'incertitude sur le poids de la pièce de monaie ou sur son titre, ni d'inquiétude sur la vérité de l'empreinte (3) ». Il faut néanmoins que le règlement des monnaies se rapproche le plus possible de la nature ; et, à ce point de vue, Condorcet, après avoir recherché quels peuvent être les avantages et les inconvénients d'un droit de monnayage, en arrive à cette conclusion que le système le meilleur est de retenir sur la monnaie les frais de fabrication ; si la fabrication était libre, en effet, la différence moyenne entre la valeur du lingot réduit en monnaie, et celle du lingot non réduit en monnaie, serait égale aux frais de fabrication ; dans ce but, il faut : « 1° Payer les matières au change ; 2° Obliger les fabricateurs à frapper pour les particuliers en retenant le même profit. Cette seconde mesure est nécessaire, parce que l'on ne peut assujettir les fabricateurs à avoir continuelle-

(1) *Premier Mémoire sur les monnaies*, XI, p. 588.
(2) *Ibid.*, XI, p. 591.
(3) *Ibid.*, XI, p. 591.

ment en caisse la somme nécessaire pour payer comptant ceux qui veulent échanger des lingots contre de la monnaie, et que l'on ne l'on ne doit pas faire dépendre cette fabrication du plus ou moins de crédit qu'aura tel fabricateur ; 3° Proscrire tout traité particulier entre le trésor public et les commerçants en métaux, parce que, si on achète comptant, on fait une opération qui n'enrichit pas le trésor et qui n'a aucune utilité, puisque, dans ce sysème, la masse des monnaies se proportionne d'elle-même au besoin, et que, si on achète à crédit, il vaudrait autant emprunter l'argent monnayé fabriqué avec ces lingots ; 4° Ne frapper de petites espèces que pour le besoin ; 5° Autoriser à exiger, dans les payements au-dessous d'une certaine somme, que les monnaies aient un certain poids très peu inférieur à celui de la loi (1). »

Les idées que nous venons d'exposer font l'objet du premier *Mémoire* de Condorcet sur les monnaies ; il en a publié quatre autres à l'occasion du projet formé par l'Assemblée Nationale, d'introduire dans le royaume « un nouveau système de divisions numériques le plus simple et le plus commode (2) ». Son but est non pas de « décider les questions », mais « de mettre tout bon esprit susceptible de quelque attention en état de les juger (3) ». Ce rôle convenait particulièrement à un ancien inspecteur des monnaies ; de fait, il fait preuve, dans ses *Mémoires*, d'une grande compétence servie par de remarquables qualités de précision et d'observation ; nous n'entendons cependant

(1) *Premier Mémoire sur les monnaies*, XI, pp. 599-600.
(2) Préface des *Mémoires sur les monnaies*, XI, p. 583.
(3) *Ibid.*, XI, p. 584.

pas le suivre dans tous ses développements, d'autant qu'il prend soin lui-même d'avertir le lecteur qu'il ne considère pas la réforme des monnaies comme une simple opération économique.

Nous allons donc nous contenter de résumer brièvement l'objet de chaque *Mémoire*, ne retenant notre attention que sur les questions économiques.

Dans le second *Mémoire*, il recherche d'après quels principes il faut régler la proportion de la valeur de l'or et de l'argent.

L'or et l'argent sont, en effet, des matières soumises, comme toute espèce de marchandises, à la loi de l'offre et de la demande, et leur valeur respective varie nécessairement, suivant que la quantité de l'un ou l'autre de ces métaux a un rapport plus ou moins grand avec le besoin de l'employer. Il s'ensuit que le rapport fixé par la loi peut n'être pas le même que celui du commerce, d'où il résulte dans la pratique, de graves inconvénients, sur lesquels nous n'avons pas besoin d'insister.

Comment remédier à ces inconvénients ? Répondre à cette question, c'est résoudre le problème du monométallisme et du bimétallisme. Condorcet se prononce pour le système suivant : « attacher l'unité nominale de valeur à un seul métal ; mais au lieu de laisser l'autre prendre sa valeur dans le commerce », on lui en attribuera une à certaines époques d'après le taux moyen du commerce : par exemple, chaque législature nouvelle pourrait, dans sa première session, déterminer pour deux ans le rapport de l'or à l'argent (1).

(1) *Deuxième Mémoire*, XI, p. 606.

De cette manière, au lieu que les particuliers fassent fondre la monnaie dont la valeur dépasse celle fixée par le rapport légal, au lieu que la mauvaise monnaie chasse la bonne, il arrivera que l'on préfèrera garder la bonne monnaie, l'or, par exemple, « puisqu'il y aura une époque peu éloignée où, sans le fondre, sans perdre les frais de fabrication, on jouira de l'augmentation que, dans l'intervalle d'une époque à l'autre, il aura pu acquérir (1). »

Dans le troisième *Mémoire,* il recherche à quel titre on doit fabriquer les monnaies, quelles qualités doit avoir une bonne monnaie et s'il est utile que des nations différentes conviennent entre elles d'adopter un même système monétaire.

Les qualités d'une bonne monnaie, il les envisage ici à un point de vue purement matériel, technique, pour ainsi dire. Nous ne le suivrons pas sur ce terrain.

Quant à l'adoption par différentes nations d'un même système monétaire, il y vit des avantages pour les commerçants et les voyageurs.

Le quatrième *Mémoire* a pour objet d'étudier sous quelle forme et de quelle manière l'on doit procéder au jugement, soit des pièces de monnaie pour les déclarer bonnes ou faibles, soit des questions qui peuvent s'élever sur les monnaies. Condorcet veut un jugement par des jurés-experts.

Sur le point de savoir s'il est préférable, pour un Etat, d'avoir une seule fabrique de monnaie ou d'en avoir plusieurs, il pense que cela dépend de certaines conditions de fait : par exemple, s'il existe plusieurs villes assez grandes

(1) *Deuxième Mémoire,* XI, p. 607.

pour que l'on puisse espérer d'y trouver des ouvriers habiles dans les différents arts nécessaires à la fabrication.

Enfin dans le cinquième et dernier *Mémoire*, il étudie, au point de vue technique, les opérations de la refonte générale des monnaies. La nation doit en faire les frais.

Dans un *Mémoire sur les effets qui doivent résulter de l'émission de la nouvelle monnaie de cuivre, présenté au comité des finances de l'Assemblée Nationale, au nom des commissaires de la Trésorerie*, Condorcet examine ce qu'il arrivera si, en donnant à la monnaie de cuivre une valeur supérieure de 40 %, par exemple, à sa valeur réelle, on en fabrique une quantité quatre ou cinq fois supérieure à la nécessité de la circulation et si cette monnaie devient, avec le papier national, presque la seule monnaie en circulation.

Tant que la monnaie de cuivre n'existait que comme appoint et en quantité suffisante seulement pour les besoins journaliers, elle pouvait rendre les plus grands services sans présenter de graves inconvénients, parce qu'alors c'était la commodité de cette monnaie que l'on payait lorsqu'on l'achetait au-dessus de sa valeur intrinsèque.

Mais, dans le cas examiné par Condorcet, l'or et l'argent ne deviennent plus pour le commerce que des matières (c'est lui-même qui souligne le mot), et c'est sur la monnaie de cuivre que la livre nominale se règlera.

Il en résultera non seulement l'augmentation purement nominale, mais encore l'augmentation réelle de tous les prix parce que, la monnaie de cuivre étant multipliée au delà de ce qu'exigent les besoins, elle prendra le niveau de sa valeur réelle. Les changes suivront la même marche ;

« Si la monnaie de cuivre est portée à 30 % au-dessus de sa valeur intrinsèque; si la valeur de la livre nominale baisse de 30 %, le pair réel du change sera à 30 % au-dessous du pair ordinaire (1) ». Un autre inconvénient proviendrait de ce que cette valeur attribuée à la monnaie de cuivre, la seule contre laquelle le papier serait réalisable, apparaîtrait, aux yeux de tous les négociants de l'Europe, comme équivalente à une dépréciation du papier de 30 %.

Condorcet conclut que l'émission de la nouvelle monnaie de cuivre serait une injustice.

Une autre opération financière de la Révolution, dont les conséquences ont été si funestes, celle relative aux assignats, a fait également l'objet de plusieurs publications de Condorcet; il en est une particulièrement intéressante où, recherchant les *Causes de la disette du numéraire, de ses effets et des moyens d'y remédier*, il compare la monnaie de papier à la monnaie métallique et « s'exprime, dit, avec raison M. Alengry, avec une netteté parfaite en termes que l'on croirait écrits d'hier (2) ».

Condorcet divise cette étude, très courte, en deux parties auxquelles il donne pour titre: *Examen des causes de la différence de valeur entre l'argent et les assignats*, et *Effets que l'on peut espérer de l'émission des petits assignats.*

Les assignats diffèrent de l'argent, parce que leur valeur repose sur la facilité d'acheter des biens nationaux, tandis que celle de l'argent repose sur une réalisation à volonté; or un fonds de terre ne peut être employé à autant d'usages qu'une somme d'argent, et l'on n'est sûr ni du temps où

(1) *Mémoire sur les effets*, etc., XII, p. 47.
(2) Fr. Alengry, *Condorcet guide de la Révolution française*, p. 722.

l'on pourra réaliser en terre, ni du denier auquel on achètera ; de plus, « la masse des assignats qui doivent être émis, et celle des biens qui doivent être achetés, sont inconnus ; on doit donc supposer qu'il restera une quantité de ces papiers plus ou moins grande ; on sait qu'il faudra la faire disparaître, et l'incertitude sur la valeur qu'ils auront alors doit diminuer celle qu'ils ont aujourd'hui (1) ».

La valeur des assignats est donc inférieure à celle de l'argent ; « il en résulte que tout homme qui a de l'argent ou des assignats, préfère de garder des espèces : tous les revenus seront donc payés en assignats ; on cherchera donc à faire sa dépense en assignats, et quand leur masse approchera de celle qui est nécessaire pour ces deux emplois, l'argent disparaîtra (2) ». En d'autres termes, la mauvaise monnaie chasse la bonne ; c'est une application de la loi de Gresham.

Si l'on compare la valeur des assignats avec celle des métaux en lingots, leur dépréciation est encore plus grande : « Si les étrangers manquent de confiance dans notre papier national, la valeur d'une livre d'or, payable à Paris en assignats, doit être augmentée par le défaut de confiance, puisque cette valeur se règle sur le taux commun, et par conséquent ici sur l'opinion générale de l'Europe. Ainsi les assignats doivent perdre. et ils perdent réellement contre les métaux en lingots, plus que contre la monnaie (3). »

Condorcet estime que le remède à cette situation, à cette inquiétude, serait dans la création de petits assignats, qui

(1) *Causes de la disette du numéraire*, etc., XI, p. 532.
(2) *Ibid.*, XI, p. 533.
(3) *Ibid.*, XI, pp. 535-536.

diminueraient le besoin que l'on a de numéraire. Il est vrai que ce moyen aurait l'inconvénient d'augmenter le prix des denrées destinées à la consommation du peuple; mais il suffit, pour éviter cet inconvénient, de soutenir au pair la valeur du petit assignat, et on atteindra ce but, s'il est convertible en petite monnaie: « Comme les prix se règlent principalement sur la valeur de la monnaie employée pour les échanges de détail, ainsi les grands assignats étant convertis en assignats plus petits, réalisables eux-mêmes contre une monnaie qui ne s'exporte point et qu'on n'est pas tenté de thésauriser, on n'aura pas à craindre une hausse dans les prix, assez grande pour troubler l'ordre de la société, quoique ces mêmes assignats continuent de perdre contre la monnaie d'or et d'argent, ou plutôt que les lingots de ces métaux puissent augmenter de prix; car alors la quantité qui en restera dans la circulation sous la forme de monnaie sera presque nulle, et ils ne devront plus être considérés que comme matière.

« Par ce moyen les assignats, soutenus d'un côté par l'hypothèque des biens nationaux, défendus de l'autre par cette possibilité d'une réalisation, ne pourront s'avilir. »

Condorcet s'efforce, en un mot, de procurer aux assignats une valeur plus stable en facilitant leur réalisation.

Pour que l'émission de papier-monnaie ne soit pas injuste et dangereuse, il faut, en effet, trois conditions principales: 1° Que les particuliers soient libres de l'accepter en paiement; 2° Qu'ils puissent le réaliser; 3° Que l'émission ne dépasse pas les besoins de la circulation (1).

(1) *Sur les opérations nécessaires pour rétablir les finances*, XI, p. 375.

Si le gouvernement néglige les deux dernières conditions, le public n'aura pas confiance dans le papier ou bien celui-ci sera vite discrédité; s'il passe outre à la première, c'est-à-dire s'il établit un papier forcé, il commet une injustice; il ne le fera, en effet, que pour payer la dette exigible; or, d'une part, payer en papier forcé, ce n'est pas rembourser, « parce qu'un papier forcé n'a point une valeur réelle, et qu'il n'est pas même signe de valeur, reconnu par l'opinion, mais un simple gage (1) »; d'autre part, « l'obligation contractée par un Etat est aussi sacrée pour ceux qui le gouvernent que les engagements particuliers le sont pour ceux qui les ont formés (2) ». Quand il établit un papier forcé, le gouvernement ne rembourse donc pas réellement ce qu'il doit; il commet par suite une véritable injustice.

Les idées exprimées par Condorcet sur les monnaies métalliques et sur la monnaie de papier, quoique n'étant pas originales, puisqu'Ad. Smith les avait développées avant lui, méritaient cependant d'être rappelées ici parce que, d'abord les œuvres consacrées à ces questions par l'ancien inspecteur des finances, sont très nombreuses et que, en second lieu, ces œuvres sont certainement, de toutes celles qui, à un degré quelconque, ont un caractère économique, celles qui ont eu le plus d'influence dans la pratique; influence telle que M. Alengry a pu, avec raison, qualifier Condorcet de « *guide financier* » de la Révolution.

Nous disons que les idées de Condorcet ne sont pas ori-

(1) *Nouvelles réflexions sur le projet de payer la dette exigible en papier forcé*, XI, p. 520

(2) *Essai sur la Constitution et les fonctions des Assemblées provinciales*, VIII, p. 530.

ginales; il ne faudrait pas prendre cette expression à la lettre; elle ne s'applique, en effet, qu'aux principes économiques sur lesquels il appuie sa politique financière; mais, en ce qui concerne cette politique elle-même, il est certain qu'il a eu des idées neuves, dictées pour la plupart par les circonstances; nous en avons rencontré quelques-unes; il en est une autre dont nous n'avons pas parlé, et qui mérite cependant d'être signalée, c'est celle de l'établissement du « paiement par registre »; Condorcet préconise surtout cette idée dans le but de prévenir les mauvais effets des fabrications de faux assignats; il espère ainsi, par cet établissement, « favoriser la circulation et diminuer l'embarras des échanges et le besoin du numéraire pour les appoints ». Toute somme reçue ou retirée serait débitée ou créditée, suivant le cas, sur une feuille; le résultat de chaque feuille serait chaque jour porté sur un registre, et de là envoyé à un dépôt où se formerait un second registre semblable; enfin toutes les feuilles seraient transportées dans un dépôt public où elles seraient conservées; de la sorte, on éviterait autant que possible, les chances d'erreur et la destruction des titres résultant de ces inscriptions. Grâce à cet établissement, on serait sûr de ne recevoir que du papier absolument certain, et l'on échapperait au danger des contrefaçons, soit que le payement se fasse par transport seulement, soit même que l'on reçoive un paiement réel (1).

(1) *Sur la distribution des assignats et sur l'établissement du paiement par registre*, X, pp. 312 et sq.

§ III. — Distributions des richesses.

Le principe premier sur lequel s'appuie Condorcet, celui d'où découlent tous les autres, c'est le principe de l'égalité naturelle : « Les richesses et le travail, dit-il, se distribuent, sur le territoire d'une grande nation, suivant un *ordre naturel* que les institutions politiques n'altèrent presque jamais qu'aux dépens de l'utilité générale. Cet ordre est favorable à l'*égalité* (1). » Et cependant partout, autour de lui, des inégalités existent ; c'est que les préjugés et les mauvaises lois bâties sur ces préjugés, ont dérangé le cours naturel des choses ; dès lors, détruire les préjugés et faire de bonnes institutions, tel doit être le rôle de tout homme éclairé et de tout bon administrateur ; pour trouver les remèdes qu'il est possible d'apporter au mal, il faut commencer par en connaître les causes ; sans doute, en dernière analyse, ce sont les préjugés ; mais quelles sont les sources immédiates de ces différences entre ce qui devrait être *naturellement* et ce qui existe *réellement* ? Condorcet les ramène à trois principales : « L'inégalité de richesses ; l'inégalité d'état entre celui dont les moyens de subsistance assurés pour lui-même se transmettent à sa famille, et celui pour qui ces moyens sont dépendants de la durée de sa vie, ou plutôt de la partie de sa vie où il est capable de travail ; enfin, l'inégalité d'instruction (2). »

Est-il possible de diminuer ces trois inégalités ? Oui, ré-

(1) *Sur l'impôt progressif*, XII, p. 633.
(2) *Esquisse d'un tableau historique des progrès de l'esprit humain*, VI, p. 245.

pond Condorcet, sans toutefois se leurrer de l'espoir qu'elles puissent jamais s'anéantir; car, à côté des causes politiques, elles ont aussi des causes naturelles, comme les différences de qualités physiques, de capacités intellectuelles, « qu'il serait absurde et dangereux de vouloir détruire. » Ce qu'il convient donc de faire, c'est de distinguer entre ces causes naturelles et les préjugés d'une mauvaise administration; entre ce qui est l'œuvre de la nature et ce qui est l'œuvre des hommes; la première est bonne, elle est, nous le savons, conforme à l'égalité; la seconde, au contraire, tend ou plutôt tendait, à rompre cette égalité et, par là, est mauvaise, puisque, nous l'avons vu dans le chapitre premier, tout homme et tout gouvernement ne doivent avoir que deux maîtres: la raison et la nature.

L'excessive disproportion des fortunes doit « promptement » cesser, si les lois civiles n'établissent pas des « moyens factices » de les perpétuer et de les réunir; si l'on cesse de recourir aux lois prohibitives qui entassent les capitaux dans un petit nombre de mains; si une administration sage et éclairée se décide à supprimer les impôts indirects et à frapper directement la seule source de revenu qui soit disponible, le produit net des terres; si, grâce à ce changement dans la forme des impôts, l'incertitude et les dépenses qui étaient nécessaires pour leur exécution, « n'arrêtent pas l'activité du pauvre et n'engloutissent pas ses faibles capitaux »; « si l'administration publique n'ouvre point à quelques hommes des sources abondantes d'opulence, fermées au reste des citoyens...; si enfin, par la simplicité des mœurs et la sagesse des institutions, les richesses ne sont plus des moyens de satisfaire la vanité ou l'ambition (1). »

On corrigera l'inégalité entre les familles riches qui vivent sans travail et les familles pauvres, dont la principale ressource est le travail, « en assurant à celui qui atteint la vieillesse, un secours produit par ses épargnes, mais augmenté de celles des individus qui, en faisant le même sacrifice, meurent avant le moment d'avoir besoin d'en recueillir le fruit ; en procurant, par l'effet d'une compensation semblable, aux femmes, aux enfants, pour le moment où ils perdent leur époux ou leur père, une ressource égale et acquise au même prix, soit pour les familles qu'afflige une mort prématurée, soit pour celles qui conservent leur chef plus longtemps ; enfin, en préparant aux enfants qui atteignent l'âge de travailler pour eux-mêmes, et de fonder une famille nouvelle, l'avantage d'un capital nécessaire au développement de leur industrie, et s'accroissant aux dépens de ceux qu'une mort trop prompte empêche d'arriver à ce terme (2). »

En ce qui concerne l'égalité d'instruction, il y a des moyens faciles d'y parvenir, même pour ceux qui ne peuvent donner à l'étude que quelques années de leur enfance et, plus tard, leurs moments de loisir. Il ne s'agit pas, en effet, d'arriver à ce que tous les hommes soient également instruits ; ce serait une chimère ; mais du moins peut-on espérer que chacun parvienne au minimum de connaissances suffisant pour lui épargner toute dépendance. Nous verrons, en étudiant la politique de Condorcet, quelles sont les choses

(1) *Esquisse*, etc., VI, p. 246.
(2) *Ibid.*, VI, p. 247.

qu'il faut de préférence apprendre au peuple, et quelle est la meilleure méthode d'enseigner. Observons seulement ici que l'instruction est un des moyens sur lesquels Condorcet fonde le plus d'espérance pour la destruction de tous les genres d'inégalité, destruction qui permettra « de multiplier entre les hommes que la nature et les lois attachent au même sol et aux mêmes intérêts, des rapports qui rendent leur réunion plus douce et plus intime (1) ». Reconnaissons aussi, contrairement à ce qu'affirmait Taine, que Condorcet n'était pas un « niveleur par système ». Lui-même s'en défend, en quelque sorte, à l'avance : « Ce n'est pas dans le XVIIIe siècle, dit-il, que nous avons à craindre le reproche d'avoir mieux aimé tout élever et tout affranchir, que de *tout niveler par l'abaissement et la contrainte* (2). »

Il a d'ailleurs tout espoir dans le succès final des moyens qu'il préconise, espoir fondé sur une double « foi », la foi dans la bonté naturelle de l'homme et la foi au progrès. La bonté n'est pas seulement utile à l'homme, elle lui est nécessaire ; « la bonté et la justice sont nécessaires au bonheur, comme une respiration facile et libre l'est à la santé (3) ». Le progrès n'est pas seulement un moyen de procurer aux individus une plus grande masse de jouissances, il n'est pas non plus simplement un but politique, il est inévitable ; il consiste dans la « marche en avant » des sociétés, marche ininterrompue ; tout au plus peut-on la ralentir (4).

(1) *Sur l'Instruction publique*, VII, p. 507.
(2) *Ibid.*, p. 507.
(3) *Esquisse d'un tableau historique des progrès de l'esprit humain*, VI, p. 548.
(4) *Ibid.*, pp. 13-18-230-231.

C'est pourquoi la Révolution lui apparaît comme l'aurore de temps nouveaux ; jusqu'alors, en effet, le progrès rencontrait de nombreux obstacles ; désormais la route est libre.

De même, plus tard, Saint Simon, disciple de Condorcet, optimiste comme lui, « croyant » comme lui au progrès, comptera sur deux ou trois ordonnances de Louis XVIII pour accomplir la transformation sociale (1).

Saint Simon, des idées de Condorcet sur l'égalité, sur les rapports sociaux, sur la perfectibilité de l'espèce humaine, a tiré ses ouvrages et ses théories qui en font un des précurseurs du socialisme.

Et cependant Condorcet n'est, à aucun point de vue, socialiste ; il compte surtout pour l'amélioration du sort de la classe la plus nombreuse, sur la destruction des entraves apportées à la liberté ; tout au plus demande-t-il l'intervention de l'Etat pour l'établissement d'une caisse de retraites ouvrières, et encore il espère que, « lorsque les principes d'après lesquels ces sortes de caisses doivent s'organiser seront devenus plus populaires », des associations particulières pourront remplacer la caisse formée par la puissance sociale (2).

Propriété individuelle. — Il n'est pas, tant s'en faut, collectiviste. La seule propriété qu'il admette, c'est la *propriété individuelle.* Contre Necker, qui pense que « la propriété héréditaire est une loi des hommes (3) », il affirme, au

(1) Au point de vue de l'influence de Condorcet sur Saint Simon, voir G. Weill, *Saint Simon et son œuvre*, pp. 222 et suiv., et Fr. Alengry, *Condorcet guide de la Révolution*, pp. 804 et suiv. Voir aussi un autre ouvrage de M. Alengry, *Essai historique et critique sur la sociologie chez Aug. Comte*, liv. V, chap. III.

(2) *Esquisse d'un tableau*, etc., VI, pp. 247-248.

(3) Cf. *Collect. des Econom.*, XVI, p. 723.

contraire, que ce n'est pas des lois qu'on la tient; qu'elle est un droit naturel, et que les gouvernements ne font que régler la manière d'exercer ce droit (1); il s'élève contre la propriété collective, contraire à la nature (2).

De ce que la propriété individuelle est un droit naturel, il résulte qu'elle est *absolue, exclusive, sacrée*. Toutefois il peut être nécessaire, en vue de l'intérêt public, de lui apporter des limitations.

Condorcet veut, dans ce cas, que l'intérêt des propriétaires soit sauvegardé autant que possible; il serait injuste de les dépouiller; seules les formalités de l'expropriation peuvent mettre d'accord la justice avec l'intérêt public. L'intérêt public, d'ailleurs, est lui-même d'accord avec la justice pour inciter les gouvernements ou les législateurs à respecter les droits des propriétaires qui, attachés au sol de la nation par leurs intérêts, par leur situation, sont les seuls qui soient véritablement citoyens.

Salaire. — Si Condorcet s'occupe du sort des propriétaires, parce qu'ils constituent la classe la plus utile à la nation, la plus intéressée à ce qu'elle soit bien gouvernée, il arrête son attention sur la situation des salariés, parce que ceux-ci constituent la classe la plus nombreuse, et que le prix des salaires influe sur le chiffre de la population.

Ici encore nous allons voir que Condorcet n'est pas socialiste: est-on socialiste parce que l'on prétend ramener plus d'égalité dans les fortunes? On le serait sans doute si

(1) *Vie de Turgot*, V, p. 179. Cf. *Lettre d'un Laboureur de Picardie*, XI, pp. 31-32; *Monopole et monopoleur*, XI, p. 52; *Réflexions sur les corvées*, XI, p. 74, et *Esquisse*, etc., VI, p. 327.

(2) *Lettre d'un Laboureur de Picardie*, XI, pp. 27-28. Cf. *Essai sur les Assemblées provinciales*, VIII, pp. 435-436 et sq.

l'on voulait, pour atteindre cette égalité, s'attaquer à la fortune des propriétaires ou des capitalistes; or ce n'est pas l'intention de Condorcet; sans doute il regrette l'accumulation des capitaux ou des propriétés dans un petit nombre de mains, il la regrette comme étant une cause de luxe, de vices, d'oisiveté, et il la regrette d'autant plus qu'elle n'est pas l'œuvre de la nature, mais celle des mauvaises lois civiles ou fiscales, qui s'opposent à la division des propriétés, celle du régime prohibitif, celle encore de la forme vicieuse des impôts, et des fausses opérations du trésor royal, qui sont l'unique origine des fortunes de finances et de banques (1). Il regrette l'existence de toutes ces fortunes mobilières et immobilières, mais il ne demande nullement qu'on y touche; tout ce qu'il demande, c'est : d'une part, la suppression des lois, des privilèges ou des impôts qui ont permis leur formation; d'autre part, des mesures qui aident les classes pauvres à vivre dans l'aisance d'abord, à élever ensuite leurs richesses au niveau de celles des gens plus fortunés. Utopiste, Condorcet, si l'on veut; mais non pas socialiste comme plusieurs l'ont cru, comme semble le dire en particulier M. Rambaud, dans son *Histoire des doctrines économiques* (2). Il est vrai que, sur la fin de sa vie, Condorcet préconisa l'établissement d'un impôt progressif, impôt qui passe aux yeux de beaucoup pour être un moyen de nivellement, qui est dangereux et qui peut constituer une grave atteinte au droit de propriété. Condorcet n'a méconnu ni ces dangers ni ces inconvénients;

(1) *Essai sur les Assemblées provinciales*, VIII, p. 453.
(2) Cf. A. Rambaud, *Histoire des doctrines économiques*, pp. 271 et 586 note.

aussi prend-il soin de justifier sa proposition, en disant que la nouvelle contribution n'a d'autre but que de faire payer par les riches certains avantages exclusifs qu'ils retirent de dépenses faites, à la vérité, pour l'utilité générale, mais dont il résulte nécessairement des jouissances qui ne peuvent être que pour eux seuls (1). En un mot, Condorcet considérait jusqu'alors que tout impôt, pour être juste, devait être proportionnel aux facultés de chacun ; il ajoute maintenant, toujours dans le but d'être conforme à la justice, que l'impôt doit également être en rapport avec l'utilité que chacun retire des dépenses faites par la puissance publique.

Condorcet peut-il du moins être considéré comme un précurseur direct du socialisme, par sa théorie des salaires ? On a souvent vu, dans Turgot, celui qui le premier a ébauché la fameuse formule du salaire nécessaire, formule chère à Lassalle et à ses disciples.

L'auteur des *Réflexions sur la formation et la distribution des richesses* a, en effet, écrit une phrase qui ressemble fort à cette formule : « En tout genre de travail, dit-il, il doit arriver, et il arrive, en effet, que le salaire de l'ouvrier se borne à ce qui lui est nécessaire pour lui procurer sa subsistance (2). » Mais il convient de rapprocher de ce texte d'autres lignes où Turgot, développant la même pensée, la précise en quelque sorte, sans prendre garde qu'il aboutit à une contradiction. Il admet d'abord que « l'homme mal payé et qui ne gagne pas par son travail une subsistance abondante travaille moins bien », ce qui semble indiquer qu'il reconnaît que le salaire dépend de la produc-

(1) *Sur l'impôt progressif*, XII, pp. 630 et suiv.
(2) *Collection des principaux économistes*, Guillaumin, IV, *Turgot*, I, p. 10

tivité du travail et que, par suite, il peut s'élever au-dessus du nécessaire; mais, constatant ensuite la dépendance réciproque du taux des salaires, de la valeur vénale des denrées, du revenu et de la population, il conclut que toutes ces choses se mettent d'elles-mêmes en équilibre suivant une proportion naturelle qui se maintient toujours lorsque le commerce et la concurrence sont entièrement libres (1); d'où il résulte que le taux des salaires serait toujours proportionné au prix des denrées.

Qu'est-ce à dire? Si le taux des salaires ne s'élève jamais jamais qu'avec le prix des denrées et dans une proportion toujours la même, l'ouvrier n'aura toujours que ce qui lui est nécessaire pour subsister. D'un autre côté, si l'intérêt de l'entrepreneur ou du propriétaire l'incite à donner à ceux qu'il emploie, un prix qui leur permette d'avoir une subsistance abondante, l'équilibre sera rompu.

Et la proportion entre les salaires et les denrées ne sera plus la même. Il y a donc une contradiction que Turgot n'a pas expliquée, et il est difficile de connaître exactement sa pensée. Retenons seulement qu'après avoir dit que le salaire se borne à ce qui est nécessaire à l'ouvrier pour subsister, il ajoute que néanmoins ce salaire peut s'élever audessus de ce nécessaire (2). La seconde proposition ne permet pas de dire que Turgot soit un précurseur de Lassalle.

Condorcet est passé par les mêmes hésitations : après s'être attaché, dans ses *Réflexions sur le commerce des blés*, à démontrer que « les salaires demeurent constants et qu'ils sont *égaux* à ce qu'il faut aux salariés pour sub-

(1) *Collection des principaux économistes*, Guillaumin, IV, pp. 437-438.
(2) *Ibid.*, IV, pp. 437-438.

sister », il détruit lui-même toute sa démonstration dans son *Essai sur les Assemblées provinciales*, en regardant comme une sottise de prétendre que le salaire ne puisse jamais s'élever au-dessus du nécessaire. Il ne considère pas seulement cela comme une sottise, mais comme un danger : sottise, parce que la concurrence existe aussi bien entre ceux qui paient le travail qu'entre ceux qui le vendent ; danger, parce que cette erreur est l'occasion « d'absurdes déclamations contre le droit de propriété (1) ». Ici encore nous constatons que Condorcet, loin d'être socialiste, s'en défend plutôt à l'avance.

La confusion dans la pensée de Turgot comme les hésitations par lesquelles est passé Condorcet viennent, pensons-nous, de ce que l'un et l'autre ont eu le tort : d'une part, de vouloir atteindre à une trop grande précision ; d'autre part, de s'être livrés, dans ce but, à des observations à la fois incomplètes et trop générales. Il y a, en effet, comme l'a fort bien remarqué Adam Smith, d'autres circonstances qui influent sur les salaires que le chiffre de la population et la masse des salaires, circonstances telles que : « 1° l'agrément ou le désagrément des emplois en eux-mêmes ; 2° la facilité ou le bon marché avec lequel on peut les apprendre, ou la difficulté et la dépense qu'ils exigent pour cela ; 3° l'occupation constante qu'ils procurent, ou les interruptions auxquelles ils sont exposés ; 4° le plus ou moins de confiance dont il faut que soient investis ceux qui les exercent (2). » Il ne faut pas avoir la prétention de formuler une loi générale précise des salaires ; ainsi que

(1) *Essai sur les Assemblées provinciales*, VIII, p. 457.
(2) *Collection des Economistes*, Guillaumin, VI, Ad. Smith, I, p. 134.

Condorcet l'avait observé à propos de la loi de l'offre et de la demande, il y a certaines questions où il faut s'estimer heureux lorsque l'on peut savoir que, suivant les circonstances, tel objet, tel prix augmentent ou diminuent; Condorcet aurait dû se souvenir de cette remarque lorsque, dans ses *Réflexions sur le commerce des blés*, il a écrit son chapitre V où il traite « de la manière dont se proportionnent les salaires », il aurait peut-être alors transformé quelque peu l'objet de ce chapitre, se contentant simplement, ce qui eût été plus prudent, de rechercher quelles causes influent sur les salaires et dans quel sens, en plus ou en moins, agissent ces causes, sans vouloir aller jusqu'à déterminer une proportion précise et constante entre le taux des salaires, par exemple, et le prix des denrées.

Quoi qu'il en soit, la pensée dernière de Condorcet sur les salaires se trouve exprimée dans son *Essai sur les Assemblées provinciales* et dans son *Esquisse*: d'une part, il admet que le prix des salaires ne peut jamais descendre au-dessous de ce qui est nécessaire à l'homme pour subsister, sans que cependant il soit nécessairement limité à ce minimum; d'autre part, il affirme sa conviction que, grâce aux progrès des sciences et aux découvertes qui en sont la conséquence, chacun pourra satisfaire ses besoins de mieux en mieux, parce qu'il sera possible et d'augmenter la production tout en travaillant moins et moins péniblement et de faire des économies dans la consommation.

Population. — C'est alors qu'il rencontre le problème de la population; les progrès de l'industrie, en effet, en augmentant la somme de bien-être, tendent par là même, « par une suite de la constitution physique de l'espèce humaine », à un accroissement dans le nombre des individus : l'augmentation de bien-être et l'accroissement de la population marcheront-ils toujours de pair ? L'équilibre sera-t-il toujours maintenu, comme le prétendait Turgot ? La production sera-t-elle toujours suffisante pour satisfaire les besoins de la population, ou n'est-il pas à craindre que le chiffre de la population devienne tel que les productions de toute espèce soient insuffisantes à répondre à ses besoins ?

Condorcet ne répond pas parce qu'il lui est impossible de répondre en connaissance de cause ; tout ce qu'il affirme, c'est que l'époque où la production deviendrait inférieure aux besoins de la population, est très éloignée ; il croit même que cette époque n'arrivera jamais, parce que les lumières acquises par l'espèce humaine seront telles qu'il renonce à s'en faire une idée : « Qui, en effet, ajoute-t-il, oserait deviner ce que l'art de convertir les éléments en substances propres à notre usage doit devenir un jour ? »

Mais, à admettre même que cette époque doive arriver, Condorcet ne s'en effraie pas outre mesure parce que, en même temps que les sciences et l'industrie progresseront, la raison elle aussi fera des progrès dans chaque individu, de telle sorte que, lorsque ce malheur arriverait, avant même qu'il arrivât, les hommes, sachant que, « s'ils ont des obligations à l'égard des êtres qui ne sont pas encore, elles ne consistent pas à leur donner l'existence, mais le bonheur », renonceraient à « la puérile idée de charger la terre d'êtres inutiles et malheureux (1). »

En somme, après avoir donné une note pessimiste qui

(1) *Esquisse d'un tableau historique des progrès de l'esprit humain*, VI, pp. 257-258.

n'était pas dans son caractère, Condorcet est revenu sur sa première pensée touchant les salaires, il est revenu, pourrait-on dire, à sa conviction la plus intime, celle des proprès indéfinis de l'espèce humaine, affirmant son espoir que le bien-être et la population pourraient progresser l'un et l'autre, sans que jamais le chiffre de la population fût nuisible au bien-être, soit que la population se limitât d'elle-même, soit que la production, grâce aux progrès de l'industrie, fût toujours suffisante pour répondre aux besoins des hommes.

L'auteur des *Réflexions* avait d'ailleurs senti la contradiction entre la loi des progrès indéfinis de l'espèce humaine et la loi du salaire nécessaire; et, déjà, en publiant son ouvrage, il éprouvait le besoin, dans un avertissement au lecteur, de dire combien la pensée de cette misère inévitable lui était « horrible »; il soulageait même les désirs de sa conscience en essayant d'atténuer ce qu'il y avait de pénible dans le résultat de ses observations relatives aux salaires et en exprimant aussitôt l'espoir que des ressources nouvelles, fruit d'une plus grande activité du peuple, activité qui serait elle-même la conséquence de la suppression des avanies et des entraves résultant des lois prohibitives et des impositions indirectes, diminueraient la dépendance du peuple vis-à-vis des riches et lui permettraient d'exiger des salaires assez forts « non seulement pour subsister, mais pour se mettre à l'abri des accidents (1). »

Concluons donc que Condorcet a, en quelque sorte, rayé lui-même du nombre de ses Œuvres, son chapitre sur la

(1) *Réflexions sur le commerce des blés*, Avertissement, XI, pp. 103-104.

manière dont se proportionnent les salaires, et qu'il est resté toujours l'optimiste convaincu qui se manifesta surtout dans l'*Esquisse d'un Tableau historique des progrès de l'esprit humain*.

CHAPITRE IV

Politique économique de Condorcet

Double but; encourager la reproduction et diminuer les inégalités sociales.

§ I. — MESURES QUE CONDORCET ESTIME FAVORABLES A LA REPRODUCTION. — A. — *Liberté économique sous toutes ses formes: liberté de la culture; liberté du commerce intérieur; liberté d'exportation et liberté d'importation (toutefois la manière dont se font les échanges n'est pas indifférente); liberté de l'industrie; liberté du travail (suppression des corporations, abolition de l'esclavage des nègres).* — B. — *Impôt direct et unique (Condorcet, d'abord partisan de l'impôt proportionnel, lui préfère ensuite l'impôt progressif).*

§ II. — MESURES FAVORABLES A LA DIMINUTION DES INÉGALITÉS SOCIALES. — *Secours à domicile; assistance par le travail; caisses d'accumulation; instruction publique.*

Toute la politique de Condorcet est dominée par le respect des droits naturels de l'homme qu'aucune Constitution, qu'aucune loi positive n'ont le pouvoir de violer impunément. Elle a un double but: d'une part, favoriser l'accroissement de la reproduction de manière à obtenir le maximum possible du produit net; d'autre part, diminuer, autant que cela se peut, les inégalités sociales.

Les mesures qu'il propose pour remplir la première partie de son programme ne sont autres que celles déjà préconisées par les physiocrates ; nous les parcourrons rapidement ; ce sont surtout la liberté sous toutes ses formes et l'établissement d'un impôt unique et direct sur le produit net. — L'assistance par le travail, une caisse de retraites pour la vieillesse et la généralisation de l'Instruction publique sont les moyens principaux à l'aide desquels Condorcet espère réaliser une plus grande égalité entre les hommes.

Observons de suite que cette division n'a rien d'absolu, en ce sens que, par exemple, la liberté peut être très favorable à l'égalisation des fortunes et que l'instruction publique peut aussi influer très heureusement sur la reproduction.

§ I. — Mesures que Condorcet estime favorables a la reproduction

A. — Liberté économique. — Condorcet réclame d'abord la liberté ; il insiste beaucoup sur ce point ; ce fut là d'ailleurs l'objet de ses premiers écrits économiques, qu'il publia contre les prohibitions pour la liberté, contre le système de Necker pour celui de Turgot ; à la vérité, en raison même des circonstances qui amenèrent la publication de ses *Réflexions sur le commerce des blés*, il a principalement montré les avantages de la liberté du commerce des grains ; mais il n'oublia pas les autres formes de la liberté.

Il demande celle *de la culture* ; il la demande parce que les prohibitionnistes, dans le but d'éviter la disette et de faire produire le plus de blé possible, ou bien interdisaient la culture des vignes, ou bien la décourageaient par le droit de gros sur les vins; ces mesures avaient pour effet de vouer à la stérilité ou à des cultures moins utiles des terrains qui, sans cela, auraient été mis en vignobles (1). La liberté entière d'employer les terrains à la culture pour laquelle ils sont le plus favorables, outre qu'elle est une suite du droit de propriété, présente encore l'avantage d'être un encouragement à la reproduction.

La *liberté du commerce intérieur*, suite elle aussi du droit de propriété (2), présente de nombreux avantages; Condorcet les résume dans sa *Vie de Turgot* : « Ranimer la culture, dit-il, par l'encouragement qui naît de la certitude de disposer à son gré de sa denrée; augmenter à la fois la quantité de subsistances et le produit net des terres; préparer au peuple les ressources des approvisionnements du commerce contre les mauvaises années et contre les disettes locales (3); lui assurer des salaires toujours suffisants, en rendant moins grandes et moins fréquentes les variations dans le prix du blé (4); mettre enfin, par l'établissement d'un commerce

(1) *Essai sur les Assemblées provinciales*, VIII, pp. 354-355.

(2) *Lettres d'un bourgeois de New-Haven*, etc., IX, p. 54.

(3) Nous avons vu ci-dessus que le commerçant seul pouvait avoir un intérêt assez grand, assez constant, pour consacrer ses soins, son temps et les avances suffisantes à pratiquer ou à perfectionner l'art de conserver les grains; cet intérêt sera d'autant plus grand que la liberté sera plus entière. Le commerce libre n'attend point, pour agir, le moment du besoin : il se prépare d'avance et il est prêt lorsque le besoin se déclare. Cf. *Sur la liberté de la circulation des subsistances*, X, p. 362.

(4) D'une part, en effet, Condorcet admet que le salaire se règle sur le prix commun ordinaire du blé; d'autre part, il est prouvé que seules la liberté et la sûreté du commerce peuvent maintenir une certaine constance dans les prix, grâce aux heureux effets de la concurrence entre vendeurs et entre acheteurs qui en prévient tour à tour l'avilissement ou la hausse

constant et sûr les propriétaires, les cultivateurs, le gouvernement, le peuple, à l'abri des pertes réelles de denrées, des vexations, des lois oppressives, des inquiétudes, des troubles intérieurs, fruits cruels et infaillibles de toute espèce de régime prohibitif : tel était le bien que cette loi (la loi établissant la liberté du commerce des grains) devait produire (1). »

Mais la liberté du commerce intérieur n'est pas suffisante ; il faut encore que le producteur ait la liberté absolue d'exporter ses denrées à l'étranger, car, comme le remarque Condorcet à propos de la liberté du commerce des grains, « plus la circulation embrassera une grande étendue de pays, plus il y aura de marchands de blé, et, plus aussi, dans les années abondantes, il y aura de probabilité que la quantité excédante de blé produite par l'amélioration de la culture, trouvera des consommateurs, ou du moins des acheteurs. La concurrence entre les acheteurs empêchera que les cultivateurs, souvent nécessités à une prompte rentrée de leurs fonds, ne soient obligés de vendre à des prix trop bas ; le cultivateur sera donc plus assuré que toute la quantité de blé qu'il pourra faire naître sera vendue, et

exagérée. Cf. *Ibid.*, X, pp. 362-363. Or le salaire ne pourrait suivre les variations momentanées ou même annuelles du prix des subsistances, et il n'y aurait pas de proportion pour l'ouvrier, quand même il trouverait autant de travail, entre l'aisance passagère qui résulterait de quelques mois de bons prix et l'état de souffrance où quelques mois de cherté peuvent le réduire. La liberté du commerce a donc une heureuse influence sur l'état des ouvriers. Cf. *Réflexions sur le commerce des blés*, XI, pp. 142-143 et 148-149.

(1) *Vie de Turgot*, V, p. 60-61.

qu'elle lui produira, quelle que soit la fertilité de l'année, une rentrée avantageuse de ses avances (1). »

La nécessité de la *liberté l'exportation* entraîne celle de la *liberté d'importation;* si l'on a besoin d'exporter le surplus de la production nationale, on a besoin également de consommer les denrées produites par le sol étranger (2); si l'on veut profiter des avantages de l'exportation, il faut laisser aux nations étrangères la liberté d'importer leurs produits (3). Condorcet n'a pas eu besoin d'insister sur la liberté d'importation des grains qui faisait partie du programme mercantiliste; mais il a demandé la suppression des droits d'entrée sur les objets manufacturés, qui retombent en définitive sur la nation où les produits sont consommés, et qui affectent les contribuables d'une manière inégale, puisqu'ils ne portent que sur certaines denrées; l'avantage qu'ils se proposent, et qui est d'encourager l'industrie nationale, n'est pas obtenu; au contraire, l'industrie est plutôt ralentie, « parce que, se reposant sur la certitude d'un débit exclusif, ayant moins à craindre la concurrence étrangère, elle doit négliger davantage, et la perfection et l'économie dans le travail; l'industrie consiste à faire mieux, à faire à meilleur marché; c'est donc la paresse et non l'industrie, que ces exclusions favorisent, et ce n'est pas l'intérêt de tels manufacturiers, de tels cultivateurs, c'est l'intérêt des consommaeurs, c'es celui de tous les citoyens en général, qu'il faudrait considérer (4). »

(1) *Réflexions sur le commerce des blés,* XI, p. 144.
(2) *Influence de la Révolution d'Amérique sur l'Europe,* VIII, p. 31.
(3) *Ibid.,* p. 32.
(4) *Essai sur les Assemblées provinciales,* VIII, p. 370. Cf. *Eloge de L'Hôpital,* III, p. 535.

La liberté d'exportation et celle d'importation répondent toutes deux à la même nécessité; toutefois Condorcet les distingue par leur résultat, l'une ayant pour objet direct l'augmentation du bien-être, et l'autre, l'augmentation de la richesse (1).

De ce que la liberté doit être entière, il ne s'ensuit pas que la manière dont se font les échanges soit indifférente : ainsi, par exemple, un pays qui n'a pas de mines abondantes achète à un autre pays des marchandises pour de l'argent; il ne pourra payer qu'à la condition d'avoir vendu à un troisième des marchandises pour de l'argent, c'est-à-dire qu'il faudra payer deux fois le profit du commerçant; on ne le payerait qu'une fois si l'échange était immédiat; il est donc plus avantageux pour ce pays de payer les denrées qu'il achète en marchandises (2).

De même il vaut mieux exporter les denrées dont la culture exige le plus d'avances, proportionnellement au produit net, et dont la production est plus irrégulière, parce que le commerce étranger est un moyen d'en assurer le débit dans les années d'abondance, et de rendre moins précaire l'existence des entrepreneurs de culture.

Bien entendu, il faut toujours que les échanges soient soumis à la condition d'une liberté entière; liberté d'exportation et liberté d'importation ont chacune des avantages qui leur sont propres; de leur existence simultanée résulte

(1) *Influence de la Révolution d'Amérique sur l'Europe*, VIII, p. 32.

(2) *Ibid.*, p. 33. C'est une des conséquences de la croyance physiocratique à la stérilité du commerce; pour les physiocrates, en effet, le profit du commerçant fait partie des frais généraux de la nation; il faut donc qu'il y ait le moins d'intermédiaires possible; il faut aussi que ces intermédiaires soient soumis à la libre concurrence, de façon que les profits qu'ils prélèvent sur le revenu matériel soient le plus faibles possible.

un avantage commun qui consiste en ce que chaque pays ne fabriquera et ne cultivera plus que ce qu'il peut cultiver et fabriquer avec le plus d'utilité, au lieu que jusqu'alors les nations imprégnées de l'esprit mercantile, témoignaient d'une sorte de fureur à tout cultiver et à tout fabriquer, non pour faire de simples essais, mais dans la vue de ne rien acheter au dehors (1).

En conséquence, les *traités de commerce* sont inutiles, parce que, même à l'égard de gouvernements prohibitifs, le régime de la liberté est encore celui qui est le plus conforme aux intérêts économiques de la nation; ils sont, de plus, dangereux, parce qu'ils sont une source éternelle de querelles qui peuvent amener des conflits armés (2).

L'industrie doit être libre « puisque l'intérêt de tous ceux qui s'y livrent est de mériter la préférence par la bonté du travail, ou d'en augmenter la masse. Tout privilège en ce genre est à la fois une injustice envers ceux qui ne le partagent pas et une mesure contraire à l'intérêt général, puisqu'elle diminue l'activité de l'industrie (3) », qui ne peut s'accroître sans influer sur la quantité du produit net « et, par conséquent, sur la richesse réelle (4) ».

Le *travail doit être libre*, parce qu'il n'y a pas, pour chacun, de propriété plus sacrée que celle de sa personne; cette seule raison suffirait pour déterminer les législateurs à briser les chaînes qui entravent la liberté du travail; mais à

(1) *Influence de la Révolution d'Amérique sur l'Europe*, VIII, p. 35.
(2) *Lettres d'un bourgeois de New-Haven à un citoyen de Virginie*, IX, pp. 42 et sq.
(3) *Vie de Turgot*, V, p. 184.
(4) *De l'influence de la Révolution d'Amérique sur l'Europe*, VIII, p. 32.

cette raison de principe s'en ajoutent d'autres d'ordre économique, plus propres à frapper certains esprits, pour lesquels l'intérêt tient lieu de justice et trouvant fort commode l'application de la maxime que la force prime le droit.

Nous avons vu comment Condorcet félicitait Turgot d'avoir publié son édit détruisant les *corporations;* nous ne reviendrons pas sur ce point; nous rappellerons seulement qu'entre autres inconvénients, cette institution avait celui d'abaisser le taux des salaires au-dessous de leur niveau normal, abaissement qui était la conséquence de la limitation de la concurrence entre ceux qui payent (1); cet inconvénient, Condorcet le condamnait auvec d'autant plus de force qu'il était un obstacle à l'égalisation des fortunes.

Mais l'injustice et les conséquences funestes du régime des corporations étaient peu de chose auprès de l'injustice et des conséquences de l'*esclavage des nègres;* aussi Condorcet a-t-il mis toute sa généreuse éloquence au service de la cause des malheureux noirs; il a rappelé les principes de l'égalité de tous les hommes, de la fraternité universelle, de la justice, qui veut que cette égalité et cette fraternité soient respectées; il a plaidé, en un mot, la cause de l'humanité, il l'a fait avec une grande force de conviction, ne laissant passer aucune objection; de toutes les raisons invoquées en faveur de l'esclavage des noirs et combattues par Condorcet, une seule a trait à notre sujet, celle qui consiste à dire que la culture, dans les colonies à sucre et à indigo, ne peut être faite que par des nègres esclaves: « Eh bien! s'écrie Condorcet, si l'on ne peut avoir du

(1) *Essai sur les Assemblées provinciales*, VIII, p. 454.

sucre qu'à force de crimes, il faut savoir s'en passer; il faut renoncer à une denrée souillée du sang de nos frères (1). » Mais d'abord, il n'est pas prouvé que les îles de l'Amérique ne puissent être cultivées par des blancs; ensuite, à admettre même que les nègres soient *nécessaires*, il ne s'ensuit pas que l'on doive *nécessairement* employer des nègres *esclaves*; on dit, il est vrai, que les nègres sont paresseux et qu'ils ne travailleraient pas s'ils n'étaient esclaves. La véritable raison, pour laquelle les colons croient l'esclavage nécessaire, c'est parce qu'ils s'imaginent que le rendement est plus grand sous le régime de l'esclavage qu'il ne le serait sous celui de la liberté; que les colons tirent un plus grand revenu de leur sol, répond Condorcet, c'est bien possible, parce qu'ils font le moins de frais qu'ils peuvent, parce que le travail de l'esclave leur coûte moins que le travail de l'homme libre, le salaire de ce dernier dépendant de la concurrence réciproque entre les propriétaires et les ouvriers, celui de l'esclave dépendant absolument de l'avidité du propriétaire (2). Mais que le produit de la culture esclave soit plus élevé que celui de la culture libre, cela n'est pas exact; « la terre, en effet, se plait à être cultivée par des mains libres (3). » L'homme libre travaille mieux et plus que l'esclave; « la destruction de l'esclavage ne ruinerait ni les colonies, ni le commerce; elle rendrait les colonies plus florissantes, elle augmenterait le commerce (4) ».

(1) *Remarques sur les Pensées de Pascal*, III, p. 648.
(2) *Réflexions sur l'esclavage des nègres*, VII, p. 86.
(3) *Remarques sur les Pensées de Pascal*, III, p. 649.
(4) *Réflexions sur l'esclavage des nègres*, VII, p. 86. Condorcet s'est demandé s'il ne serait pas utile de faire cultiver les îles d'Amérique par les galériens; voir sur ce point les *Remarques sur les Pensées de Pascal*, III, p. 649.

B. — Impôt direct et unique. — Condorcet a résumé d'une manière à la fois claire et précise dans sa *Vie de Turgot,* les principes économiques qui doivent diriger le législateur pour l'établissement de l'impôt. Après avoir établi sa nécessité (1), il démontre que, sous quelque forme qu'il soit levé, il retombe en entier sur la partie de la reproduction annuelle de la terre qui reste après qu'on en a retranché tout ce qui a été dépensé pour l'obtenir (2). Il considère ensuite que la justice exige que chacun contribue au service public à proportion de ce dont la force publique lui assure la jouissance (3). Il rappelle enfin l'impossibilité absolue d'établir cette proportion sous une autre forme que l'impôt direct.

Celui-ci a d'ailleurs l'avantage de n'être jamais avancé que par celui qui peut le payer, et d'être mis sous une forme si simple « que la masse totale de l'impôt, ses diminutions, ses augmentations successives, enfin la partie à laquelle chacun est imposé, sont nécessairement connues de chaque citoyen, qui ne peut plus être trompé ni sur les intérêts publics, ni sur les siens propres (4). »

Les impôts indirects se trouvent par suite absolument condamnés par Condorcet. Nous ne reviendrons pas sur ce point que nous avons étudié dans le chapitre II.

C'est donc une réforme absolue et totale du régime fiscal alors existant que demande notre auteur. Il ne se dissimule pas les difficultés de cette réforme, et il estime que la prudence veut qu'elle soit faite par degrés (5).

(1) *Vie de Turgot,* V, p. 185.
(2) *Ibid.,* V, p. 124.
(3) *Ibid.,* V, p. 126.
(4) *Ibid.,* V, p. 127.
(5) *Ibid.,* V, p. 137.

C'est pourquoi, bien que la justice nécessite la suppression des impôts indirects, il ne pense pas qu'on puisse les supprimer tous immédiatement. « L'établissement d'un impôt unique, dit-il, est une opération qui doit se faire avec lenteur, et qui exige, pour ne causer aucun désordre passager, beaucoup de sagesse dans les mesures. Il faut, en effet, s'assurer d'abord par quelles espèces de propriétés, par quels cantons chaque espèce d'impôts est réellement payée et dans quelle proportion chaque espèce de propriété, chaque canton ou la totalité de l'Etat y contribuent ; il faut répartir ensuite dans la même proportion l'impôt qui doit les remplacer.

« Il faut, par conséquent, avoir un cadastre général de toutes les terres ; mais, quelque exactitude qu'on suppose dans ce cadastre, quelque sagacité que l'on ait mise dans la distribution de la taxe qui remplace les impôts indirects, il est impossible de ne pas commettre des erreurs très sensibles : il est donc nécessaire de ne faire cette opération que successivement et il faut, de plus, être en état de faire un sacrifice momentané d'une partie du revenu public, quoique le résultat de ce changement de forme des impôts puisse être à la fois d'en diminuer le fardeau pour le peuple et d'augmenter leur produit pour le souverain. Enfin, comme la plupart des terres sont affermées, comme lorsqu'on en soumet le produit à un nouvel impôt destiné à remplacer un impôt d'un autre genre, une partie seulement de la compensation, qui se fait alors, serait au profit du propriétaire et le reste au profit du fermier, c'est une nouvelle raison de mettre, dans cette opération, beaucoup de ménagement, quand même on serait parvenu à connaître, à peu près, dans chaque genre de culture, la partie de l'impôt que l'on doit faire porter au propriétaire, et celle dont, jusqu'à l'expiration du bail, le fermier doit être chargé ; mais, si cet ouvrage est difficile, il ne l'est pas moins d'assigner à quel point la nation qui l'exécuterait verrait augmenter, en peu d'années, son bien-être, ses richesses, sa puissance (1). »

Condorcet a insisté dans de nombreux ouvrages sur la nécessité de l'impôt unique, direct, et proportionnel sur le produit net des terres, le seul qui soit juste, le seul aussi qui soit d'un rapport suffisant pour la puissance publique sans entraver ni décourager la reproduction. Il a toutefois apporté, dans les dernières années de sa vie, une modification importante à sa conception économique de l'impôt. Il ne pense plus que la proportionnalité suffise à la justice ; il faut que les riches paient plus à proportion que les pauvres ; il est juste, puisqu'ils sont les seuls à jouir de certaines dépenses publiques, qu'ils contribuent à ces dépenses dans une proportion plus forte que ceux pour lesquels elles ne présentent que peu ou même pas du tout d'utilité : comme l'établissement d'un semblable impôt peut être dangereux, il sera bon de le régler « de manière à ne pas rendre inutile pour un individu l'acquisition d'une nouvelle portion de terre, le placement d'un nouveau capital, à ne point l'obliger de chercher dans les fonds étrangers, dans l'agiotage, l'emploi de ses fonds, à ne pas lui donner la tentation de cacher sa fortune par de fausses ventes (2). » De même, le pauvre qui n'a que son travail pour vivre, serait dégrevé de tout droit : « La portion du produit de l'indus-

(1) *Notes sur Voltaire*, IV, p. 430.
(2) *Sur l'impôt progressif*, XII, pp. 631-632.

trie et du travail, qui sera reconnue nécessaire à chaque citoyen pour sa subsistance, ne peut être assujettie à aucune contribution (1). »

Il ne s'agit donc plus ici d'un impôt direct sur le produit net, il s'agit d'un impôt « sur toute espèce de somme annuellement disponible, de quelque manière qu'on se la procure, le travail, l'industrie, le commerce, des placements de capitaux, des fonds de terre, des émoluments de place ». C'est un impôt sur le revenu ; à défaut d'un impôt sur le produit net, celui-ci est le meilleur.

En dégrevant les classes pauvres, en faisant payer davantage aux classes les plus fortunées, Condorcet estime que le législateur fera une œuvre non seulement juste, mais encore très utile, parce que l'impôt ainsi établi « soulage le pauvre dont il diminue les charges sans le punir de ce faible soulagement par des coups funestes portés à la circulation et à l'industrie (2). » C'est-à-dire que ce système d'imposition, sans nuire à la reproduction, tout en étant conforme à la justice, a l'avantage de favoriser l'égalisation des fortunes.

La liberté illimitée du commerce, par son influence sur les salaires, et l'impôt, grâce au système qui dégrèverait les petits pour demander davantage aux riches, ont donc, en dehors de l'avantage de favoriser la reproduction, celui de préparer et de faciliter l'amélioration de la répartition des richesses dans le sens de l'égalité.

(1) *Sur l'impôt progressif*, XII, p. 627.

(2) *Projet de Constitution française*, XII, p. 497. Cf. *Sur l'impôt progressif*, XII, p. 627, et *Sur les troubles relatifs aux subsistances*, XII, p. 317

§ II. — MESURES FAVORABLES A LA DIMINUTION DES INÉGALITÉS SOCIALES

Les causes de l'inégalité des fortunes sont, pour la plupart, des causes factices : Condorcet le prouve par l'énumération qu'il en fait : d'abord, l'accumulation des propriétés dans un petit nombre de mains n'est que la conséquence des mauvaises lois civiles ou fiscales s'opposant à la division des propriétés ; l'accumulation des richesses mobilières est le résultat du régime prohibitif qui concentre les capitaux acquis par l'industrie et le commerce dans un moindre nombre de mains, de la forme vicieuse des impôts et des fausses opérations du trésor royal, qui sont l'unique origine des fortunes de finance et de banque (1). D'un autre côté, la pauvreté n'est, la plupart du temps, que l'effet de mauvaises institutions ; les maîtrises qui réduisent la concurrence, les impôts non proportionnels aux moyens de subsister, comme la gabelle, le défaut de liberté dans le commerce des subsistances, qui, nous le savons, augmente les variations des prix, ont pour résultat de rendre les salaires insuffisants (2) ; les procès subis par les familles pauvres, incapables de résister à l'oppression des riches, les pertes occasionnées au peuple par les vexations, les gênes qu'introduit le régime prohibitif ou fiscal, les frais multipliés pour la taille sont encore une cause de pauvreté. A ces causes, il faut en ajouter une autre : l'entassement des ouvriers dans les villes : « Si, en effet, observe Condor-

(1) *Essai sur les Assemblées provinciales*, VIII, p. 453.
(2) *Ibid.*, p. 454.

cet, par suite d'un accident quelconque, sur quatre mille ouvriers qu'une ville renferme, mille sont privés d'ouvrage; comme ce sont les plus maladroits et les plus pauvres qu'on réforme d'abord, voilà tout à coup une calamité qui sollicite de puissants secours. Supposons ces quatre mille ouvriers répandus dans cinquante villages, comme presque chacun aura sa maison, souvent une petite propriété; comme cet ouvrier n'aurait pas pris, à l'exemple de ceux des villes, l'habitude de se livrer à une oisiveté absolue dans les courts espaces où l'ouvrage lui manque, mais qu'il aurait au contraire contacté celle de s'occuper de soins domestiques, de travaux analogues à ses travaux ordinaires, de travaux champêtres, il se trouvera n'être point sans ressources dans un manque d'ouvrage plus prolongé, et il en cherchera dans sa famille, dans ce qui l'entoure, et il ne sera point, comme l'ouvrier des villes, étranger à tout, excepté au fabricant qui l'emploie. Or, ce sont encore les lois prohibitives, l'esprit réglementaire qui ont entassé les ouvriers dans les villes (1) · » Nous sommes parfaitement d'accord avec Condorcet pour regretter l'entassement des ouvriers dans les villes, et les maux qui peuvent en être la suite; nous souscrivons volontiers à son éloge de la vie laborieuse, qui est celle de la campagne; nous reconnaissons également que l'éparpillement des ouvriers pourrait éviter bien des calamités; mais d'abord, pour vivre dans un endroit, il faut y avoir de quoi vivre: Condorcet parle de ceux qui auraient une maison, une petite propriété; il ne dit pas un mot de ceux qui n'auraient ni propriété, ni logis; et c'est regret-

(1) *Essai sur les Assemblées provinciales*, VIII, pp. 455-456.

table, parce que, s'il avait poussé son analyse plus loin, étant donnés ses idées et son esprit d'invention, peut-être eût-il eu l'idée des habitations à bon marché ; mais il ne l'a pas fait, et nous sommes forcés de combler cette lacune : or, précisément, il faut bien que ceux qui ont besoin de gagner leur vie cherchent du travail où il y en a ; et c'est dans les fabriques qu'on en trouve ; si les ouvriers sont « entassés », c'est : d'une part, parce que les usines ont besoin de beaucoup d'ouvriers ; d'autre part, parce que les ouvriers ont besoin du salaire qui leur est offert par le fabricant ; et nous ne voyons pas en quoi l'entassement des ouvriers dans les villes peut être l'effet des lois prohibitives et des règlements.

Quoi qu'il en soit, il est évident pour Condorcet que l'inégalité des fortunes est, la plupart du temps, la conséquence des mauvaises lois prohibitives ou fiscales ; comme c'est « dans sa source qu'il faut attaquer la pauvreté (1) », le premier soin d'un législateur soucieux de l'égalité, doit être de détruire ces lois et de les remplacer par « la législation que la nature et la raison nous indiquent (2) ».

Cette nouvelle législation devrait surtout comprendre : des lois qui partageraient les successions entre tous les enfants ; des lois organisant la liberté du commerce et de l'industrie ; un « ordre d'impositions toujours simple, toujours exempt de vexations » ; enfin « la suppression de ces distinctions humiliantes entre les classes de citoyens, qui perpétuent les richesses et l'orgueil de quelques familles (3) ».

(1) *Essai sur les Assemblées provinciales*, VIII, p. 461.
(2) *Vie de Turgot*, V, p. 196.
(3) *Ibid.*, pp. 196-197.

Si la plupart des misères qu'entraîne avec elle la pauvreté ont leur origine dans les mauvaises lois fondées sur les préjugés et contraires à la nature, il en est cependant qui découlent de la nature même; Condorcet ne reconnaît à la pauvreté qu'une seule cause naturelle: la division du travail (1); en vertu de cette division, en effet, le produit net des terres et le revenu des capitaux ne pouvant suffire à la nourriture et à l'entretien de tous les citoyens, il est nécessaire qu'un grand nombre d'hommes n'aient que des ressources, non seulement viagères, mais même bornées au temps où ils sont capables de travail (2); l'incapacité de travail entraînera donc, pour ces hommes, le défaut des moyens de subsistance, c'est-à-dire la misère.

Il est à la fois de l'intérêt et du devoir de la société, bien qu'elle n'en soit pas responsable, de faire tous ses efforts pour remédier aux conséquences de la division du travail: c'est son intérêt, parce que la misère est une source de corruption; c'est son devoir, parce que la société doit avoir pour but le plus grand bonheur de tous ses membres (3).

Condorcet examine, dans son *Essai sur les Assemblées provinciales*, de quelle manière il peut être possible d'apporter un soulagement ou un secours aux infortunes ou aux maladies des hommes que leurs infirmités, leur faiblesse ou leur âge ont mis hors d'état de subsister; autant que cela se peut, il est partisan de secours à domicile; c'est seulement pour les personnes trop étroitement logées ou séparées de leurs familles que les hôpitaux présentent de

(1) *Essai sur les Assemblées provinciales*, VIII, p. 458.
(2) *Sur les Caisses d'accumulation*, XI, p. 389.
(3) *Ibid.*, pp. 389-390.

l'utilité; encore faudrait-il: d'une part que, pendant leur maladie, les hospitalisés aient un espace « où ils puissent souffrir en paix, un lit qui les reçoive, une main charitable qui veille sur leurs besoins »; d'autre part, que les convalescents soient transportés dans des maisons particulières situées hors des villes (1).

Pour ceux qui ne sont pas absolument incapables de gagner au moins une partie de leurs subsistances, Condorcet est partisan de l'assistance par le travail: ainsi pour les aveugles et les muets dont il est possible, « grâce aux machines, de rendre le travail profitable (2) ».

Caisses d'accumulation. — Mais, s'il est utile de soulager la misère, il est encore bien plus utile de la prévenir (3); s'il est bon de soigner les malades, il est encore plus avantageux de faire en sorte que la maladie soit évitée ou tout au moins soit le moins grave possible.

De même que l'hygiène, au point de vue physiologique, peut prévenir bien des maladies, de même l'épargne, au point de vue social et économique, peut éviter bien des misères.

Cependant l'épargne ne sera vraiment utile que s'il existe des moyens de placer avantageusement « les petites épargnes et presque les épargnes journalières (4). »

Qui procurera ces moyens? Une société particulière, une compagnie ou l'Etat? Condorcet n'est pas très fixé sur ce point; dans sa publication *Sur les Caisses d'accumulation,* il semble plutôt disposé à confier à l'Etat le soin de ces

(1) *Essai sur les Assemblées provinciales,* VIII, pp. 462-463.
(2) *Ibid.,* VIII, pp. 461-462.
(3) *Ibid.,* VIII, p. 461.
(4) *Sur les Caisses d'accumulation,* XI, p. 390.

caisses; dans son *Esquisse*, il manifeste une préférence marquée pour l'établissement d'associations particulières.

Mais à défaut de compagnies ou d'associations particulières, l'Etat devra se charger de ce soin, parce qu'il est *nécessaire* : « 1° Qu'un homme dont la subsistance dépend de son travail, puisse s'assurer sur ses épargnes des moyens de subsister dans sa vieillesse; 2° Qu'il puisse également assurer soit à sa femme, soit à ses enfants, des secours semblables; 3° Qu'il puisse, dans le cas où la mort le priverait des ressources qu'il tire de son travail, leur assurer soit un fonds, soit un revenu viager qui les en dédommage (1) ».

Le moyen d'augmenter les ressources soit du travailleur arrivé à la vieillesse, soit de sa femme et de ses enfants, est de faire tourner au profit de ceux qui remplissent les conditions voulues pour avoir droit à une retraite où à une pension ce que d'autres ont pu sacrifier à l'espérance d'arriver à remplir ces conditions, ou au désir d'assurer des ressources à leur famille.

Plus le nombre de gens qui épargneront sera grand, plus les ressources seront élevées; or, pour augmenter le nombre des placements, il suffit de multiplier et de varier le plus possible les combinaisons susceptibles d'être préférées par les différents individus; d'un côté, certains préféreront donner une certaine somme une fois pour toutes, ou bien payer chaque année une sorte de cotisation, ou encore donner une certaine somme jusqu'à leur mort, d'autres donneront plus volontiers une somme un peu plus élevée pendant un cer-

(1) *Sur les Caisses d'accumulation*, XI, p. 393. Nous n'avons pas besoin de relever la construction bizarre de cette dernière phrase qui, malgré cela, reste très claire.

tain nombre d'années déterminé; d'un autre côté, pour prix de leurs avances, les uns voudront avoir une somme déterminée après une certaine époque, ou une rente viagère toujours la même, ou une rente croissante suivant certaines règles; les autres demanderont que cette même somme, ou une rente de la même espèce, au lieu d'être payée à une époque déterminée, le soit au moment de leur mort, etc. (1).

En acceptant toutes les combinaisons possibles, on favorisera l'épargne en même temps que l'on augmentera les chances d'obtenir, par cette épargne, des ressources plus considérables.

Ces ressources seront déterminées en calculant, d'après les probabilités de la vie humaine, ce que, à un taux donné d'intérêt, on peut offrir, dans chaque hypothèse, pour prix d'une somme reçue ou de l'engagement d'un paiement annuel. Il faut toutefois choisir un taux d'intérêt inférieur au taux commun.

S'il y a des dangers à craindre, il peut être possible de les éviter: par exemple, si une personne veut s'assurer sur la vie, on ne l'acceptera que si un médecin assure qu'elle doit atteindre le terme moyen de la vie des personnes de son âge.

En somme, ces établissements que Condorcet considère comme nécessaires, il démontre, en outre, que, grâce à l'application du calcul aux probabilités de la vie, il démontre, disons-nous, qu'ils sont possibles (2).

C'est pourquoi Condorcet termine ses réflexions *Sur les*

(1) *Sur les Caisses d'accumulation*, XI, p. 393.
(2) *Ibid.*, XI, p. 402. Cf. *Esquisse d'un Tableau historique des progrès de l'esprit humain*, VI, p. 247.

Caisses d'accumulation en exprimant sa conviction que ces établissements « empêcheraient la ruine des familles qui subsistent du revenu attaché à la vie de leur chef, augmenteraient le nombre de celles dont le sort est assuré, concilieraient la stabilité des fortunes avec les variations qui sont la suite nécessaire du développement de l'industrie et du commerce, et conduiraient à établir ce qui n'a jamais existé nulle part, une nation riche, active, nombreuse, sans l'existence d'une classe pauvre et corrompue (1). »

Instruction publique. — L'égalité sociale ne peut être réelle, les individus ne peuvent obtenir un véritable bien-être, que s'il existe une instruction égale pour tous les citoyens (2). L'établissement d'une instruction publique doit donc être le complément nécessaire de toutes les mesures destinées à faire jouir les hommes de leurs droits et à permettre l'accroissement de leur bien-être.

L'égalité d'instruction que l'on peut espérer d'atteindre, mais qui doit suffire, est celle qui exclut toute dépendance, ou forcée ou volontare (3); toute dépendance et non toute supériorité, dit Condorcet : d'abord, parce que la différence des facultés et des tempéraments s'oppose à une égalité absolue, en second lieu, parce que la supériorité de certains esprits n'est pas un mal (4), puisqu'au contraire elle contribue au bien-être de tous en faisant progresser les lumières.

(1) *Sur les Caisses d'accumulation*, XI, p. 402. Cf. *Esquisse d'un Tableau historique des progrès de l'esprit humain*, VI, p. 247.

(2) *Premier Mémoire sur l'Instruction publique*, VII, p. 170.

(3) *Esquisse d'un Tableau historique des progrès de l'esprit humain*, VI. p. 248.

(4) *Premier Mémoire sur l'Instruction publique*, VII, 170. Cf. *Essai sur les Assemblées provinciales*, VIII, p. 476.

Condorcet veut distribuer l'instruction publique de telle sorte que l'homme le moins éclairé le soit cependant suffisamment pour exercer par lui-même, sans se soumettre aveuglément à la raison d'autrui, les droits dont la loi lui a garanti la jouissance. Il veut, en un mot, un minimum de connaissances.

C'est un devoir pour la société d'assurer à ses membres ce minimum de connaissances; c'est, en effet, pour jouir plus pleinement de leurs droits, que les hommes se sont réunis en société; or il ne servirait de rien que les lois respectassent ces droits, si l'inégalité dans les facultés morales empêchait le plus grand nombre de les exercer dans toute leur étendue (1). « Un peuple ignorant est toujours esclave (2). »

C'est ainsi que le peuple fut l'esclave de la politique mercantiliste. Et pourtant il n'y avait rien de si « simple » et de si « naturel » (3), que les vérités enseignées par les économistes; comment se fait-il donc que la plupart de ces vérités n'aient pas été adoptées par tous les esprits dans le moment où elles leur ont été présentées? Sans doute, répond Condorcet, on peut en accuser, jusqu'à un certain point, l'intérêt et les passions; mais cela vient surtout : d'une part, de ce que les hommes n'ont pas l'habitude de réfléchir, de penser par eux-mêmes, et trouvent commode de recevoir d'autrui des opinions toutes faites (4); d'autre part,

(1) *Pemier Mémoire sur l'Instruction publique,* VII, p. 170. Cf. *Déclaration des droits,* IX, p. 182.

(2) *Eloge de Franklin,* III, p. 423. Cf. *Sur la nécessité de l'Instruction publique,* VII, p. 440.

(3) *Vie de Turgot,* V, p. 201.

(4) *Ibid.,* p. 202.

de ce que les méthodes d'enseigner ne sont pas suffisamment simples et nettes (1). Celles-ci doivent avoir, en effet, pour objet de développer, de fortifier, de perfectionner les facultés naturelles, et non de remplir la mémoire de notions et de faits que l'enfant ne s'assimile pas; ce qu'il faut, c'est apprendre « à retenir des idées », et non à « répéter des mots » (2); c'est « exercer » l'enfant à penser par lui-même: « en unissant la lecture à l'écriture, en présentant les premières idées morales dans des histoires qui peuvent n'être pas sans intérêt, en mêlant à l'étude de la géométrie l'amusement de faire tantôt des figures, tantôt des opérations sur le terrain, en ne parlant, dans les éléments d'histoire naturelle, que d'objets qu'on peut observer, et dont l'examen est un plaisir, on rendra l'instruction facile; elle perdra ce qu'elle peut avoir de rebutant, et la curiosité naturelle à l'enfance sera un aiguillon suffisant pour déterminer à l'étude (3). »

Il faut donc faciliter l'instruction; mais comme tous les enfants n'ont ni les mêmes dispositions ni le même temps à consacrer à l'étude, il en résulte qu'il est nécessaire d'établir différents degrés dans l'instruction commune (4): on n'enseignera pas la même chose aux citoyens destinés à remplir une fonction publique et à ceux qui doivent embrasser une profession commerciale ou industrielle; il faut un degré d'instruction spéciale pour l'individu obligé de se livrer de bonne heure à des travaux lucratifs, par exem-

(1) *Vie de Turgot*, V, p. 207.
(2) *Second Mémoire sur l'Instruction publique*, VII, p. 257.
(3) *Ibid.*, VII, p. 258.
(4) *Premier Mémoire*, VII, p. 190.

ple, pour celui qui est destiné « à la branche la plus resserrée d'une profession mécanique, afin qu'il puisse échapper à la stupidité, non par l'étendue, mais par le choix et la justesse des notions qu'il recevra (1). »

C'est pourquoi Condorcet propose de distinguer cinq degrés d'instruction, répondant aux besoins qu'ont les différents hommes d'acquérir plus ou moins de connaissances; il distingue donc : 1° les écoles primaires; 2° les écoles secondaires; 3° les instituts; 4° les lycées; 5° la société nationale des sciences et arts (2).

Afin de maintenir et de compléter l'instruction des hommes qui n'ont pu consacrer à l'étude que leur enfance, Condorcet propose que chaque dimanche ils assistent à une leçon donnée par les instituteurs; il ne pense pas que, pour des hommes adonnés à des travaux corporels, le jour de repos doive être nécessairement un jour inoccupé; « car, observe-t-il avec raison, le repos salutaire ne consiste pas dans la nullité absolue, mais dans le changement d'action (3). »

Parmi les matières utiles à enseigner. Condorcet range des notions élémentaires d'économie publique, et, en particulier, les procédés les plus profitables à l'agriculture et à l'éducation des bestiaux; il constate sur ce point la routine regrettable des cultivateurs, qui s'en tiennent toujours aux anciens usages, « non parce qu'ils sont les meilleurs, mais parce qu'ils conduisent d'une manière presque sûre à tirer de leur exploitation le produit sur lequel ils ont fait

(1) *Premier Mémoire*, VII, p. 192.
(2) *Projet de décret sur l'Instruction publique*, VII, p. 529.
(3) *Troisième Mémoire*, VII, p. 342.

leurs arrangements antérieurs (1) »; cette routine tient de la méfiance : on ne veut risquer au hasard ni sa subsistance, ni même une partie de sa fortune; cette méfiance n'a elle-même pour cause que le défaut d'instruction; il faut donc enseigner au peuple des campagnes les nouvelles découvertes en lui en exposant les détails, de manière qu'il puisse juger lui-même de l'étendue et de la certitude du succès : « Il faut que les habitants d'une étendue de terrain, soumise à peu près au même climat, connaissent la différence des méthodes qui y sont en usage, des produits qu'on y cultive, des préparations qu'on leur donne, des usages auxquels on les emploie, des débouchés qui leur sont offerts, afin de pouvoir distinguer ce qui, dans les différences, appartient à la nature, et ce qui n'est que l'effet des habitudes, des opinions, des lois établies (2). »

Ce n'est que par l'instruction que l'on arrivera peu à peu, sans dépense et sans contrainte, à faire porter par chaque terre tout ce qu'elle peut produire de plus utile, soit à celui qui la cultive, soit à ceux qui en consomment les productions.

L'instruction n'est donc pas seulement nécessaire à l'individu pour la défense de ses droits naturels, elle est encore très utile au bien-être de la société; elle est utile aussi au progrès général des lumières, car « c'est quand elles se répandent et non en se concentrant que les lumières peuvent s'augmenter (3) »; elle est utile enfin, non seulement à la

(1) *Troisième Mémoire*, VII, p. 332.

(2) *Ibid.*, VII, p. 335.

(3) *Essai sur les Assemblées provinciales*, VIII, p. 477. Voir *Rapport et projet de décret sur l'organisation générale de l'Instruction publique*, VII, p. 525, où Condorcet démontre dans une note fort intéressante : d'une part,

société présente, mais même aux générations futures dont elle facilite le progrès : 1° En mettant tous les hommes nés avec du génie à portée de le développer et de faire ainsi de nouvelles découvertes ; car il n'est aucune d'elles qui ne donne un moyen de s'élever à une autre (1) ; 2° En préparant les générations nouvelles par la culture de celles qui les précèdent, car chacune d'elles aura d'autant plus de facilité à recevoir l'instruction et d'autant plus d'aptitude à en profiter que la précédente aura reçu une instruction plus complète (2).

Nécessaire à l'indépendance des individus, utile à la société présente, utile aux générations futures, l'instruction publique est, de toutes les institutions qu'il préconise, celle sur laquelle Condorcet compte le plus pour le bonheur le plus grand de l'espèce humaine.

---

la nécessité du progrès des lumières, en raison de l'augmentation de la population et de l'habitude de nouveaux besoins, qui sont la conséquence inévitable de la prospérité publique; d'autre part, la nécessité d'une plus grande étendue d'instruction, à mesure que les sciences progressent, afin d'assurer l'indépendance des individus.

(1) *Premier Mémoire*, VII, p. 178.

(2) *Ibid.*, VII, p. 181 et s. Cf. *Esquisse*, etc., VI, p. 275.

CONCLUSION

De l'exposé que nous venons de faire des doctrines économiques de Condorcet, il résulte à l'évidence que celui-ci est le disciple fidèle de Turgot, et, par l'intermédiaire de Turgot, de Quesnay et de Gournay.

Dans sa *Vie de Turgot,* pas une critique n'est élevée contre la doctrine du maître : partout l'éloge et la confiance, au contraire, témoignent de l'adhésion complète du disciple ; l'auteur des *Réflexions sur la formation et la distribution des Richesses* est en outre félicité d'avoir exposé avec clarté, avec précision, les principes de M. de Gournay (1), qui prouvent l'utilité de la liberté d'industrie et de commerce.

D'un autre côté, Condorcet, comme Turgot lui-même, doit beaucoup à Quesnay ; mais ni l'un ni l'autre n'aimaient son école ; ils déploraient que l'esprit de système fût venu se mêler aux observations et aux discussions utiles (2) ; c'est pourquoi, tout en reconnaissant les services rendus à la science économique par le médecin de Louis XV, tout en transportant dans leurs écrits les vérités découvertes par lui et même les erreurs mêlées à ces vérités, ils gardaient cependant à son égard, une réserve qui contrastait singu-

(1) *Vie de Turgot,* V, p. 28.
(2) *Vie de Voltaire,* L'homme aux quarante écus, IV, p. 298.

lièrement avec les protestations d'admiration et de fidélité de la plupart des physiocrates.

Condorcet doit néanmoins être rattaché à l'école de Quesnay.

Comme les physiocrates, en effet, il croit à un « ordre naturel et essentiel le meilleur possible »; comme eux, il croit à la productivité exclusive de l'agriculture; comme eux enfin, il conclut de cette productivité exclusive à la nécessité de l'établissement d'un impôt unique et direct sur le produit net des terres.

Il croit à un ordre naturel le *meilleur possible;* l'optimisme de Condorcet est, en effet, un des caractères principaux de sa philosophie; deux croyances, deux dogmes, pourrait-on dire, la dominent tout entière; la croyance à la *bonté naturelle de l'homme,* et la croyance à la *perfectibilité indéfinie de l'esprit humain;* il est même plus optimiste que les physiocrates, en ce sens que ceux-ci croyaient seulement à *l'équilibre* des intérêts individuels, tandis que Condorcet croit à leur *harmonie*: les disciples de Quesnay faisaient résulter cet équilibre de la force même des choses; l'auteur de l'*Esquisse* voit dans cette harmonie le fait même de l'homme, instruit de son intérêt. De cette doctrine de l'harmonie des intérêts, Condorcet fait découler la nécessité de la liberté et la nécessité de l'instruction. L'homme a d'ailleurs un autre motif d'action que l'intérêt: chacun, en effet, a de la sympathie pour son semblable; et cette sympathie est spontanée; il faudra s'efforcer de développer cette sympathie par l'habitude.

Il croit à la productivité exclusive de l'agriculture; erreur provenant de ce que les physiocrates entendaient par « production » uniquement la mise au jour d'une quantité nouvelle de matière. Les physiocrates auraient-ils commis cette erreur, s'ils avaient assigné à la valeur la place qui lui revient en économie politique? Celle-ci est, en effet, la science de la richesse; or, la richesse suppose une analyse de la valeur; si l'on se trompe sur la valeur, on se trompe sur la richesse, et l'on risque de commettre des erreurs qui peuvent avoir dans la pratique les plus graves conséquences. A ce point de vue, Condillac a eu, le premier, le mérite de placer la valeur à la base même de ses doctrines économiques; et, de son analyse de la valeur, de sa notion de la richesse, il a conclu que produire ne consiste pas seulement à tirer du sol de nouvelles matières, mais aussi à transformer ces matières; produire, c'est donner de l'utilité à une chose.

Puisque le travail agricole n'est pas seul productif, il s'ensuit que le « produit net » n'est plus la seule richesse disponible et que l'impôt ne doit pas être levé uniquement sur la terre.

Condorcet a fort bien reconnu, avec Ad. Smith, les qualités nécessaires à l'impôt: 1° la justice, c'est-à-dire l'égalité, qui s'obtient en imposant chaque contribuable proportionnellement à ses facultés; 2° la certitude; 3° la commodité; 4° l'économie.

Il a mis en lumière les inconvénients des impôts indirects, qui sont contraires à la justice, parce que non proportionnels; à la certitude, parce qu'arbitraires; à l'économie, parce que coûtant beaucoup de frais de perception.

Il a recherché avec raison l'incidence effective de l'impôt, et il a cru découvrir qu'il retombait toujours sur la terre.

De ces observations, il a conclu que seul l'impôt direct

sur le produit net répondait aux quatre qualités énumérées ci-dessus.

Mais ses raisonnements sont entachés par le vice originel de la croyance à la productivité exclusive de l'agriculture; et sa conclusion se trouve contraire à la justice, puisque l'impôt qu'il veut établir n'atteindrait qu'une seule source de la richesse.

Si Condorcet avait admis, avec Condillac et Ad. Smith, la productivité de tout travail et de tout capital, il aurait conclu, de ses principes sur la justice de l'impôt, que le plus juste était l'impôt sur le revenu; en fait, il l'a admis, à défaut de l'impôt sur le produit net, dans ses réflexions *Sur l'impôt progressif*.

Il est certain que théoriquement l'impôt sur le revenu satisfait pleinement à la justice; mais si l'impôt est nécessaire, c'est à la condition qu'il soit productif; or l'impôt unique ne pourrait l'être, qu'en atteignant un taux exorbitant (1); d'autre part, à supposer qu'il soit possible, grâce à la confection d'un bon cadastre, de connaître le « produit net », quels moyens emploierait-on pour connaître le revenu des capitalistes, des commerçants et des industriels? A défaut de confiance dans la déclaration du contribuable, il n'y en a qu'un: l'inquisition; Condorcet eût certainement déconseillé un semblable moyen.

En conséquence, le seul système pratique consiste à employer les deux formes de l'impôt, en demandant à l'impôt direct tout ce qu'il est possible de lui demander et en faisant

(1) On a calculé que, le revenu de la France étant de 25 milliards, il faudrait un taux de 20 % pour que l'impôt unique procurât les ressources suffisantes. — *Cours de législation financière de M. Petit.*

produire le surplus par les contributions indirectes; d'ailleurs, si l'on a soin de ne pas imposer les denrées de première nécessité, on peut espérer que les inégalités inhérentes à tout impôt se compenseront d'elles-mêmes.

Pour ce qui est de l'impôt progressif, on peut admettre à la rigueur la justification qu'en a présentée Condorcet; mais, outre qu'il est dangereux, comme il le reconnaît lui-même, sans indiquer de moyen pratique pour parer au danger, cet impôt est nécessairement arbitraire; une fois le principe admis, en effet, où s'arrêtera la progression? Le législateur deviendra le maître de la fortune des contribuables.

Ces critiques n'enlèvent rien à l'intérêt que présentent les développements donnés par Condorcet à la question de l'impôt sur le produit net: il n'y a pas, en effet, que les vérités qui soient importantes à connaître dans l'étude d'une science; les erreurs mêmes peuvent être profitables aux progrès de cette science; c'est souvent la réfutation d'une erreur qui conduit à la découverte d'une vérité; Quesnay n'aurait peut-être pas fondé la science économique, si les abus de la politique mercantiliste n'avaient amené Boisguilbert à la découverte de cette vérité que l'homme doit se conformer aux lois de la nature; or, Condorcet, en raison des fonctions financières qu'il occupa pendant plus de dix années, était, plus qu'aucun physiocrate, tout désigné pour traiter de l'impôt; il le fit avec compétence, dans un style clair, en y apportant toute la précision dont ses qualités de mathématicien le rendaient capable.

Ce que nous disons à propos de l'impôt trouve son application au sujet de toutes les idées développées par Condorcet ; si les physicrates ont droit à une place importante dans l'histoire des doctrines économiques, Condorcet a d'autant plus droit à une place parmi les physiocrates qu'il a développé leurs idées « d'une manière plus analytique et avec plus de clarté (1) ».

D'ailleurs, Condorcet a d'autres mérites que celui d'avoir présenté les « vérités » physiocratiques sous une forme plus agréable et moins aride que la plupart des disciples de Quesnay : il a, entre autres, celui d'avoir assigné au calcul, dans la méthode de la science économique, une place à la fois très importante et très précise, qui lui a permis d'entrevoir les découvertes que l'économie politique devait faire dans le siècle suivant.

Il a surtout une idée originale, qui lui donne une physionomie personnelle parmi les économistes du XVIIIe siècle : il veut concilier le souci d'une plus grande égalité avec le respect du droit de propriété.

Toute son œuvre, en effet, aussi bien son œuvre constitutionnelle et morale que son œuvre économique, est dominée par le souci de rétablir les hommes dans les droits de l'égalité naturelle ; il est même permis de penser qu'il ne s'est livré à l'étude de l'économie politique que dans ce but ; il a senti lui-même que son œuvre serait incomplète, s'il ne cherchait, dans la science économique, les moyens de diminuer les inégalités des richesses ; à quoi servirait-il que la constitution s'efforçât d'assurer à chacun le respect

(1) *Vie de Voltaire*, IV, p. 300, Condorcet dit, en effet, que certaines « vérités » physiocratiques auraient plus facilement conquis un grand nombre d'esprits si elles avaient été présentées et développées « *d'une manière plus analytique et avec plus de clarté* ».

de ses droits ; à quoi servirait-il que la morale enseignât la vertu et la fraternité de tous les hommes, si une trop grande disproportion des fortunes devait toujours empêcher la classe la plus nombreuse des citoyens de jouir des droits que la constitution lui reconnaît, si sa fortune devait toujours faire que le riche fût oisif, si la pauvreté avait pour conséquence la corruption de ceux qui n'ont rien ?

Condorcet avait d'autant plus d'espoir d'atteindre son but, qu'il accusait les préjugés d'être la cause et du paupérisme, et de l'accumulation des richesses dans un moindre nombre de mains ; il avait raison en partie, en ce sens que certains pauvres ne l'auraient pas été sans les lois prohibitives, et que, de même, certains riches n'auraient pu amasser leurs richesses sans le régime en vigueur sous Colbert et ses successeurs. Mais suffira-t-il, pour diminuer ces inégalités, de décréter la suppression du régime prohibitif et fiscal et de le remplacer par l'établissement de la liberté et d'un système d'imposition plus conforme à la justice ? Nous ne le pensons pas ; la liberté a certainement une influence sur la situation de fortune des particuliers, mais cette influence n'agit pas dans le sens de l'égalité ; l'intérêt, nous le savons, est le principal moteur de l'activité économique ; cet intérêt ne se confondra-t-il pas dans l'esprit de beaucoup, avec le désir de l'inégalité ? Et dès lors, le libre jeu des intérêts ne tendra-t-il pas au contraire à l'inégalité ? Quant à l'impôt parfaitement égal, nous savons que c'est un idéal impossible à atteindre.

La vraie cause du paupérisme, en somme, est une cause naturelle : la division du travail ; Condorcet l'a reconnue, mais en ne lui attribuant pas peut-être tous les effets qu'elle comporte ; aussi a-t-il eu raison d'insister, comme il l'a fait sur la nécessité de l'Instruction ; un homme instruit est moins sujet à la misère que celui qui est complètement ignorant ; l'ouvrier qui possède les éléments de l'instruction trouvera plus facilement du travail, lorsque l'invention d'une machine le chassera de l'usine où il gagnait sa vie, que l'ouvrier qui ne saura ni lire ni écrire ; le cultivateur pourra, grâce à la connaissance des meilleurs procédés agricoles, faire produire davantage à son champ... Mais encore faut-il que l'instituteur trouve chez l'élève un terrain favorable : si celui-ci inintelligent ou paresseux, l'instruction ne pourra porter ses fruits ; ici encore, Condorcet se montre trop optimiste : il a le tort de considérer l'homme de la nature, qu'il croit bon et intelligent, au lieu de considérer l'homme tel qu'il est, avec ses passions et ses préjugés ; puisqu'il croit à l'hérédité, il doit croire à celle du mal comme à celle du bien ; il est vrai qu'il considère que *l'habitude* pourra beaucoup pour transformer l'individu : il conseille de donner aux hommes *l'habitude* de la sympathie, *l'habitude* de la réflexion, *l'habitude* du travail, et c'est un excellent conseil ; mais tous ne se prêtent pas à changer des habitudes mauvaises qui leur sont chères, contre de bonnes habitudes qui transformeraient leur vie de telle sorte que souvent ils trouveraient qu'elle ne vaut plus la peine d'être vécue. Sans doute l'instruction sera très profitable à un grand nombre d'individus ; mais elle ne le sera pas à tous ; tout ce que l'on peut espérer, c'est, d'une part, de diminuer le nombre des pauvres, et d'autre part, de pallier la misère de ceux qui, malgré tout, n'ont pas les moyens de subsister. A ce point de vue, la société a des devoirs à remplir ; Condorcet les a affirmés ; il a même eu le mérite d'avoir le premier l'idée de certains moyens propres à éviter aux individus qui gagnent leur vie de tomber dans la misère : moyens réalisés aujourd'hui en partie soit par la Caisse nationale des retraites pour la vieillesse, soit par les différentes sociétés d'assurances.

Condorcet n'aurait-il eu que cette idée au point de vue économique, qu'il mériterait que son nom obtînt une place dans la liste des économistes du XVIIIe siècle ; mais son œuvre tout entière mérite d'être connue ; elle le mérite parce que, par les développements qu'il a donnés aux idées physiocratiques, il a droit à une place dans l'Ecole de Quesnay ; elle le mérite aussi et surtout parce que sa critique des préjugés, et son espoir de réaliser plus de bonheur par une plus grande égalité, espoir basé sur la double croyance à la bonté naturelle de l'homme et à la perfectibilité indéfinie de l'esprit humain, en ont fait, le précurseur du socialisme de Saint-Simon.

TABLE DES MATIÈRES

INTRODUCTION (9-26)

CHAPITRE I

CHAPITRE II

CHAPITRE III

CHAPITRE IV

www.ingramcontent.com/pod-product-compliance
Ingram Content Group UK Ltd.
Pitfield, Milton Keynes, MK11 3LW, UK
UKHW021123220726
13924UKWH00004B/1872

9 782019 935818